강물 위에 띄운 편지

강물 위에 띄운 편지

지은 이 | 바다문인협회
펴낸 이 | 임종대
펴낸 곳 | 미래문화사

찍은 날 | 2006년 9월 20일
펴낸 날 | 2006년 9월 25일

등록 번호 | 제3-44호
등록 일자 | 1976년 10월 19일
주소 | 서울시 용산구 효창동 5-421
전화 | 715-4507 / 713-6647
팩시밀리 | 713-4805
E-mail | miraebooks@korea.com
mirae715@hanmail.net

ISBN | 89-7299-327-1 03810

*책 가격은 표지 뒷면에 있습니다.

강물 위에 띄운 편지

바다문협 6집

미래문화사

서문

항해하는 바다의 시인들에게

문효치 | 국제펜클럽 한국본부 이사장

시는 언어를 사용하여 눈에 보이지 않는 불가시적 사물에 생명을 입히고, 그 생명을 시인이 자유자재로 조각하는 언어 예술이다. 언어라는 그 자체가 기호로서가 아니라 사물로 간주되고 있기 때문에 시인에게 있어서 언어는 예술을 창조하는 재료가 되는 것이며 그 자체가 목적일 수 있는 것이기에 언어를 새롭게 빚어내는 책임과 의무가 곁들여져야만 한다. 다시 말하면 언어란 존재에 대한 인식의 높이와 깊이와 그 넓이에 비례하며, 보이지 않는 인식의 치열성과 그 경험의 부피가 시詩의 생명을 결정하는 것이다. 그리하여 자신이 만나고 고뇌하고, 체험했던 삶이 살아 있는 새로운 의미를 형성시킬 때 그 존재가치가 성립되며 예술적 구도를 갖춘 좋은 시詩로 남게 되는 것이다. 그래서 하이덱거는 '언어는 존재의 집' 이라고 하였다.

현대시가 메타포(metaphor)에 의해서 그 생명력이 발휘되어지는 것을 볼 때 시가 새롭기 위해서는 '은유' 의 표현을 많이 쓰는 것이 바람직하다. 오늘날의 현대시는 주로 은유에 의해서 새로운 시의 탄생을 가능케 한다고 봐도 과언이 아니다. 그리하여 참신한 은유법으로 언어의 구조물을 형상화하는 작업을 결코 게을리 해서는 안 될 것이다.

무한의 생명을 거느린 바다!

그 바다를 항해하며 바다의 큰 마음을 닮아가려는 자세

로 시를 쓰는 바다문인 여러분에게 조금이나마 참고가 되기를 바라는 마음으로 서두를 잡았다.

시작업詩作業 행위는 고독하고, 한편으론 눈부시다고 했다. 따라서 시상은 고독과 진실함 속에서 영그는 열매인 것이다.

여러분들의 작품에서 엿보이는 삶의 진실한 의미, 그래서 더욱 빛을 내는 조용하면서도 깊이 있는 자기 절제의식이 보여지는 작품들과 자연과 풍물에 대한 세심한 관찰과 애착을 가지고 쓴 작품들을 보면서 항상 예의바르고 진솔한 여러분들의 성품이 그대로 드러난 듯 표현되어져 있어 기쁘고 대견스러울 뿐이다. 드넓은 바다에서 시의 오랏줄로 한 덩이가 되어 벌써 여섯 번째 동인지를 발간하는 여러분들의 시에 대한 열정과 사랑을 가늠할 수 있어 흐뭇하며 진심으로 축하를 보낸다.

바다를 항해하는 마음으로 시를 쓰는 여러분들의 그 고운 마음과 승화된 언어들이 삭막한 사회를 밝힐 수 있기를 빈다.

시인은 모름지기 사회를 이끌어가는 정신적 문화적 향도이기 때문이다. '열린바다 좋은생각', 그 바다의 시의 물결이 온 누리를 적실 때 우리가 이상으로 삼는 세상은 올 것이다.

초대시 · 1

남내리 엽서 – 연당

문효치 | 국제펜클럽 한국본부 이사장

우렁이란 놈
여름 내내 꽃대에 붙어
귀 기울이고 있다

물 속에 흩어져 흐르는
붉은 물감 모여 꽃으로 오르는 소리
우렁이는 귀 대고 듣고 있다

연꽃 붉은 꽃잎 헤집고
내가 넣어 두었던
유년의 추억
알알이 연밥으로 익고 있다

나무가 있는 풍경

최영호 | 바다문인협회 회장

구겨진 시름 한 자락
우듬지에 걸쳐 놓고

어제도
오늘도

알록달록
그리움 덧칠하며 여기 섰느니

곤하거든
언제라도 돌아와 깃드시기를,

기약없이
하염없이

나 항상
이 자리에 우뚝,
그림처럼 서 있으리니

차례

제1부 소리로 오는 사랑아

iris eun a

제2부 그네 타는 소녀

제3부 자신있게 거울을 보자

제4부 강물 위에 띄운 편지

제5부 자목련 사랑

제1부
소리로 오는 사랑이

나는
가만히 눈물 짓고 있을 때
빗방울은 탄식으로 당신께 흐릅니다
하여 당신이 듣는 빗소리는
내 사랑의 슬픈 고백일 것입니다

김선미 시인
《문학과의식》 신인문학상 수상
바다문인협회 사무처장
현) 교직

염경희 시인
《문학세계》 신인문학상 수상 등단
바다문인협회 이사,
문예대학 지도강사

김두경 시인
성균관대학교 국어국문과 졸업
《문학 21》 신인문학상 수상
바다문인협회 자문위원

이정혜 시인
《문예사조》 신인문학상 수상
제3회 자유문예대전 대상 수상
바다문인협회 상임이사

안숙자 시인
《문학과의식》 신인문학상 수상
제7회 김삿갓문화큰잔치
영월문화원장상 수상
바다문인협회 감사

정정리 시인
《모던포엠》 신인문학상 수상 등단
제3회 자유문예대전 최우수상 수상
바다문인협회 이사

최영선 시인
'문학과의식' 신인문학상 수상
제15회 울산공단문학제 시부문 입선
바다문인협회 사무차장

연용옥 시인
'한맥문학' 신인문학상 수상
'06 서울매트로 초청시화전 출품
현) 남광토건 재직

김성애 시인
경남 창원 출생
'문예사조' 신인문학상 수상
제6회 바다문예대전 시부문 입상

유영란
제2회 자유문예대전 수필부문
우수상 수상
'06 서울매트로 초청시화전 출품,
바다문인협회 이사

김한주
제7회 바다문예대전 시부문 입상
'06 서울메트로, 도시철도공사
초청시화전 출품
시집 '내 허락 없인 아프지도 마' 공저

정숙련
경남 함안 출생
'06 서울매트로 초청시화전 출품
'06 도시철도공사 초청시화전 출품

김선미

서랍 여는 밤

서랍에 오래 갇혀 있던
흑백 사진 속의 어머니는 나보다 젊다

눈 감으면 들리는 자장가 소리에
빛바랜 꿈들을 허공으로 날려보내면
나보다 더 앳된 어머니가 회초리를 든다

신록으로 충만한 계절
어둠의 잔뿌리를 뻗어 더듬다 보면
뿌리와 뿌리는 서로 뒤엉키고
어머니의 가슴엔 때 아닌 눈이 내리는지
늙은 딸의 허기를 안고
사진 속에서 점점 여위어만 간다

아가야, 무슨 꽃을 피우고 싶은 것인지 말해보렴

몸도 마음도 한없이 무거워져
휘청, 등이 휘는 밤
나보다 젊은 당신의
호된 꾸지람 속으로 한 걸음 다가서 본다

iris eun a

소리로 오는 사랑아

그리운 것들마다 소리가 있습니다

새벽녘 빗소리는
당신을 향한 나의 그리움입니다

나는
가만히 눈물 짓고 있을 때
빗방울은 탄식으로 당신께 흐릅니다
하여 당신이 듣는 빗소리는
내 사랑의 슬픈 고백일 것입니다

하지만 아프다거나
쓸쓸하다고 말하지 않겠습니다
가슴 켜켜이 그리움 더불어
사랑을 채워 넣으면
내 가슴은 매일 설레일 테니까요

김선미

우리의 사랑은

하늘과 바다가 마주할 수 있는
수평선 같은 것이었으면 좋겠습니다

아침이면 서로의 가슴에 해가 오르고
저무는 하루가 못내 아쉬워
온 세상 노을빛으로 물들이는 사랑

밤이 오면 그리움의 달 떠올라
은은한 빛가루 뿌려주는
그런 사랑이었으면 좋겠습니다

서로를 얼싸안고
해 띄우고 달 띄우는 수평선

하늘도 바다도 아닌
둘이 만나 하나가 되는 것처럼
그대와 내가 아니라
우리가 되는, 그런
수평선 같은 사랑이었으면 참 좋겠습니다

얼굴

내 안을 속속들이 비추어
표정 짓는
주름 빤한 옹당이

내 심정 그대로 나타나
내가 살아온 깜냥대로 그려진
나만의 아롱무늬

내 마음의 지문
수없이 내 심중에 찍힌
나의 이력,
그 어디에다 감출 수도 없는
다름 아닌 내 모습

고리금

그대 문 앞에 서면
발간 귓불 타고
내 두 뺨은 복사꽃이 핍니다

무싯날 없이 바삐 살아도
꿈꾸는 하늘엔
그대라는 문양 아로새겨

오색 언어로 단청을 입혀
안팎이 통하도록
연결 고리 달아 놓고도

차마 함부로 열 수 없어
그 앞에서 쩔쩔매는 동안

이별

꽃은 피어서 아름답다
하지만 벚꽃이 흩어져 눈발처럼 날리는 사월
사람은 태어나면 좋아라 웃지만
먼 길 돌아갈 땐
떨어지는 아픔에 울음 우는 걸까
미라처럼 냉동고에서 실려 나온
할머니 주검 앞에 99세 백수를 누린 호상이라고
가족들이 돌아가며 쓰다듬고 만져본 얼굴 차다
주머니 없는 노란 삼베옷에 꽃버선 신고
일곱 번 묶어 곱게 입혀 노잣돈 끼워
관 속에 갇혔다가 한 줌 재로 변해
스물아홉에 먼저 간
언제부터는 얼굴도 기억나지 않는
지아비 묘소 앞에 뿌려질 땐
한 줌씩 재가 눈가루처럼 뿌려지는데
우리는 그다지 소리 내어 울지 않았다
움딸인 금순이 형님 외엔
하늘에서 마침맞게 가랑비가 내리고
바다에선 갈매기가 날 뿐
그렇게 그게, 마지막의 전부인 것처럼

나, 그렇게 살고 싶다

진흙 속에서도 향기를 잃지 않는
한 송이 붉은 연꽃처럼
나, 언제나 그렇게 살고 싶다
바람이 불면 바람 속에서
물결이 일면 물결 속에서
소리 없이 흔들리고 있는
작은 조각배처럼
나, 그렇게 부드러운 몸짓으로
노을 강을 건널 수는 없을까

진흙 속에서도 꽃을 피워내는
뿌리 깊은 연근蓮根처럼
나, 언제나 그렇게 살고 싶다
기쁠 때는 기쁜 대로 웃고
슬플 때는 슬픈 대로 울며
꽃밭을 날고 있는
나비의 날개처럼
나, 그렇게 가벼운 마음으로
저녁 강을 건널 수는 없을까

김두경

나이테

사시를 두고
맨발로 걸어 온
외로운 시간들의 발자취
그 나이테 속으로 들어가면

계절이 머물다 간
시린 뼈 마디마다
육필로 그려놓은
버리지 못한 사연들

주름진 이마 위에
애증愛憎의 이력서를 보라
지나온 삶의 절반은 눈물이고
나머지 절반은 바람이었다

바람에 흔들리는 나무 숲 사이
수임 기간이 끝나버린
철새들의 빈 둥지 안에
그리움만 산처럼 쌓여 있구나

김두경

나, 이제 돌아가야 하리

어쩌나
벌써 가을이
저물고 있네

아직은
설익어 떫은 가슴에
쑥부쟁이 향기를 내려 놓고

가을은
쓸쓸히 구름재를 넘어
노을 속에 불타고 있네

나, 이제 돌아가야 하리
더 늦기 전에 돌아가
그리움으로 반짝이던 추억의
창문을 닫아야 하리

감나무
잎진 가지 끝에
붉은 까치밥 하나
정물로 남겨 놓고

이정혜

한라산을 오르며

시샘 달 바닷바람은
유채의 옷고름을 풀고
노란 미소 마구 퍼내 가는데

1900고지 한라산 가는 성판악 입구엔
폭설을 견디는 나무 발이 시리다

구석구석 돌기처럼 돋아 오르는
봄의 소리, 들리기나 하는지
우듬지에 머무는 짧은 햇살은
내일의 전설을 만들고

커다란 불덩이 품은 침묵에
소리치며 뛰쳐 나올 것 같은 열정
높고 우람하여
날마다 부활하던 그리움

앞서거니 뒤서거니 숨찬 인연들
비어서 쓸쓸한 백록담에
세상 근심 묻으니
지상을 떠나온 거리만큼
뜨거워진 사랑이 아름다워라

이정혜

등대

어둠에 눈을 뜨는
삶의 원칙이 아름다운 이여
언제나
님이 계신 그 자리는
축복의 시작입니다

젖은 숨결로
밤마다 수면 위에 몸져 누우면
낮은 곡조로 흐르는 임의 노래,
당신의 향기에
내 영혼은 시나브로 데워집니다

길을 잃은 이를 위하여
온밤을 뜬 눈으로 새는 당신
너무나 맑고 깨끗해서
나를 부끄럽게 합니다

황금빛 햇살처럼
마음의 바다에도 빛나는 임이 계시어
날마다 희망이 자라고
모진 풍파 견딜 수 있습니다

감나무

이정혜

주인 떠난 조상의 터를
그림자로 지키며
해마다 겨울의 언덕 힘겹게 넘는
나무 한 그루

너 또한
나의 유년과 흡사하여
북풍한설에도 한 뼘씩 자라던 욕망
북상하는 봄길따라
얼마나 달리고 싶었을까

아카시아 향기에
울렁병 도지는 오월이 되면
별빛에도 하얗게 사무치는 그리움

올해도 변함없이
언약의 반지 같은 꽃,
무더기무더기 피워
그렇게,
그렇게 아기자기 살자하누나
떨리는 손 잡아주며 살자하누나

들꽃의 연가

세월의 수레바퀴에 채이면서도
그 자리를 벗어나지 못한 채
계절 따라 피고 지며
퍼렇게 멍이 든
초라한 들꽃이었습니다

높새바람 불어대는
인적 없는 골짜기에
걸음을 멈추고
쪼그려 앉아
그윽이 바라보는 눈길에

혼절할 부끄러움으로
마른 땅에서
귓불이 붉어지도록
붉은 수액만 뿜어 올렸습니다

안숙자

사랑의 이름으로

한 이십 년쯤은
울타리도 없는 내게
당신을 가두려 했습니다

해가 지면
오아시스를 찾아
먼 곳으로 달아나고 싶은
그 갈망의 눈빛만 감시하다

초원이
갈색 물이 들 즈음
틀어쥔 고삐를 슬그머니 놓았더니

해가 지고
달이 뜨는 것도
두려움인지

당신 스스로
테두리를
내 안쪽으로 쳤습니다.

안숙자

신발장 앞에서

세월에 찌든 내용물
산뜻한 포장지로 감춘 채
성장을 하고 나서다가
현관에 멈춰서면

내 자존심보다
굽대 높은 구두 굽
바라보는 것만으로
주눅이 들어 허리가 아프다

내 작은 키만큼
낮은 구두 굽에
왠지 모를
편안함을 느끼게 되는 것은

자세를 낮추고
겸손하게 살라는 가르침인가

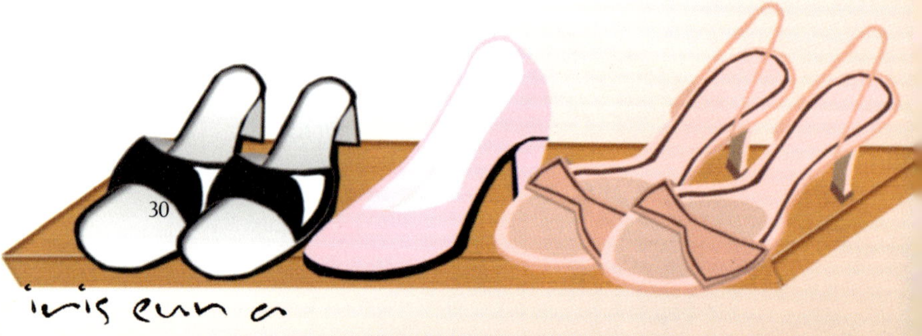

어머니의 봄

낙엽 질 땐 돌아가신 아버지가 그립더니
꽃피니 시난고난하시는 어머니가 안타깝다

나 또한 당신들 이별한 나이 가깝고 보니
계절이 맞물릴 때면 꽃나무 유심히 본다

바람에 연두빛 새순 비죽비죽 돋아나면
홀로 앓는 어머니는 살아 계셔도 걱정이네

봄꽃은 철따라 곱게 피어 아양 떠는데
가신 님 못내 그리다 지병을 덧들이네

사랑하는 님이여 사랑한다던 님이시여
나 홀로 두고 어찌 먼 길 훨훨 가시었나

사랑은 사랑하는 이 곁으로 가고 싶어라
이제쯤 날 부르던지 홀연히 찾아오시던지

꽃향기 코끝 간질이고 강물도 몸 푸니
저 하늘 별무리마저 하얀 꽃밭 갈구나

시인이여

한 편의 시를 완성하기까지
한없이 고뇌하는 과정이 중요하다며
힘들어 할 때마다 다독이던
그대 목소리 곰곰 되새기는
습작習作의 밤은 깊어갑니다

사랑하는 이여,
따스한 눈길
마주하지 않아도 좋습니다
어느 날 홀연히 떠나가지 마십시오
안녕은 인사말로도 섬뜩합니다

아무 것 맹세할 수야 없지만
뒷덜미나마 눈여겨 봐 주십시오
그대 시어는 또한 내 시詩의
영원한 주제主題입니다
초승달 저만치 북극성처럼.

바로 그 사람

당신이 진실로 사랑하는 사람은
내가 사랑한다는 사실조차 잊고
밋밋한 얼굴로 곁에 누워 있는 그 사람

굳이 확인하지 않고 처음 느낀 믿음
하나로 언제나 그 자리 그냥 둬도
불현듯 옮겨가거나 구속하지도 않고

어느 날 소멸하는 황혼의 아름다움에
주름진 손 포개고 비로소 나를 위해
서럽게 울어주는 동반자라는 이름의

참으로 당신을 사랑하는 사람은 내가
얼마나 사랑하는지 되묻지도 않고
내 안에 천연스럽게 점거하고 들앉은,

최영선

쪽지

그럭저럭
하루가 저무는 동안
착한 햇살은
고루고루 유리창을 쓸며
먼 산을 맑게 안겨 주었고요

깨끗한 하늘 저 높이
언뜻언뜻
그대 얼굴 생각나

끝끝내
보이지 않았던 내 마음이
오늘은 먼저 앞서고 말았어요

보낼까 말까
몇 번을 망설였는데

그리운 안부 받았나요

후회

하루가 안녕 하며 가는 모습이
이렇게 슬픈 줄 몰랐어요

지는 해도 아쉬워 노을이 되듯
저마다의 마음 속
고운 빛깔로 있는 사람에게
아끼지 말고 듬뿍듬뿍 전해야겠어요

정말 고맙다는 말
정말 사랑한다는 말
보낸 후에야
하지 못했음을 아파하네요

가을 들녘에 앉아

가을 들녘에서 시를 읽어요
파란 하늘 곱게 내려 앉아
글귀마다 아름답게 물들이네요

바람이 부네요
폴폴 가을 향기 나는 곳 눈길 보내면
살랑살랑 벼들이 책장을 넘기라 해요

드문드문 피어난 저 들꽃,
너무 예뻐 책갈피에 꽂아요
그대에게 보낼 수 있다면 얼마나 좋을까요

사랑하고 있어요
잊을 수 없기에 마음 한자락 담은 그리움
이렇게 들녘에 앉아 시가 되었어요

연용옥

산다는 것은

걸음마를 배우고 나서
아무런 생각 없이 학교를 다니고

무엇이든 할 것 같은 패기로
젊음을 내세우다
좌절이라는 암초를 슬기로 극복하며

가정이라는 범주에서
희로애락을 맛본다

자라는 아이를 보고는
어버이를 생각하게 되고
되돌아보면
이미 부모는 세상 사람이 아니다

자식의 도리가 뭔가를 생각하며
변명도 통하지 않는
양심에 속죄를 하지만
용서는 이미 25시에 와 있고
어느새 기운 잃은 황소가 되지

산다는 것은 이렇게 돌고 도는 것인데

드가의 선택

아무런 잘못이 없어도
사냥꾼의 시선을 피하려는
짐승의 슬픔을
생각해 보았는가

세상 사람들은
빠삐용의 용기와 집념에
감탄하지만

현실에 순응하며
자연스런 포기를 하는
드가의 선택을
비웃는 이가 너무 많다

자신이
드가라는 사실도 모르고

빗소리에 지다

칠월은
나를 만나러
비(雨)로 온다

무더위에 지친
혼탁한 정신을 맑게 하고
땅으로 스미어

이별의 의미를 알려주고는
말없이 떠난다

그가 가고 나면
촉촉한 대지 위에
나 홀로 남아
한동안
아쉬움에 잠길 즈음
올 것이다

비를 뒤로하고
가을이

김성애

목련

동안거는
벌써 끝났지만
여전히 참선 중이다

풀어야 할 화두
마음 닿는 곳마다 붙여 두고
부끄러움도 초월한 듯
알몸으로
명상에 잠겨 있다

언제쯤일까
실눈 번쩍 뜨고
깨달음으로
환한 웃음 터뜨릴
그날은

삶

노래를 불러주는
새가 없어도
포도는
스스로 깨어나
시멘트 벽을 기어올랐다

자투리 하늘이라도
솜사탕 구름 눈부시면
포도는
볼을 씻어줄
이슬을 만나지 않아도
까맣게 윤기가 났다

홀연히 불어온
소독 냄새 나는 바람 한 줄기,
땀방울 씻으며 기다리기도 했지만
포도는
설레임을 접고 또다시
홀로 잠들어야 했다
삶을 뜨겁게 포옹하는 이를 만날
그날을 꿈꾸며

김성애

추수를 끝내고

온 여름 내내 다투던
참새와 허수아비
빈 논벌, 낟알 펼쳐 놓고
소곤거리고 있어

작대기 휘두르며
까치 얼씬도 못하게 하던
과수원집 노인네
맨꼭대기 감은 남겨 두고
집으로 가더군

땡볕에서 흘린 땀
벌써 다 잊었나
썬텐하는 고추 옆에서
웃음 짓는 아낙네
따사로운 정경 더하고 있어

여백

하얗게 비워둔 여백
채울 수 없었던 곳에
사랑과 그리움을 담아본다

조금씩 아주 조금씩
마음의 그늘을 거둬줄 수 있는
생각만으로도 미소짓게 할 수 있는

빛바랜 사진 같은
빛바랜 추억 같은
그런 인연이 되고 싶지만

밀쳐낼수록 비웃듯 파고드는
집착과 욕심이란 방해꾼은
살며시 내 마음을 묶으려 한다

껴안을 수 있을 만큼 사랑하고
견딜 수 있을 만큼만 아파할 수 있다면

텅 빈 공간
그대와 내가 함께 채워야 할
여백으로 남겨 두고 싶다

유영란

사랑하는 당신에게

잠 못 이루고 뒤척이는 당신의 등 뒤로
새어나는 한숨의 의미 잘 알고 있기에
다 잘될 거라며 걱정말라는
한 마디 말밖에 해줄 수 없음이
그저 안타까울 뿐입니다

돌아볼 여유조차 없이 앞을 향해
무작정 달려온 시간들이었습니다
작은 울타리를 벗어나야 하는
설레임과 초조함의 엇갈림
빈손으로 시작했던 처음을 생각해봐요
그래도 당신 멋지게 해냈잖아요

당신 어깨의 짐
살아갈수록 무게를 더하는 것만 같아
이젠 안쓰럽기까지 하지만
나눌 수 있는 어깨가 있잖아요
작은 힘이지만 더 많이 나눌 수 있도록
애써볼게요
당신의 꿈 안에
제 꿈도 함께 한다는 거 아시죠?

유영란

가슴 아린 추억

가슴 아린 추억은
빛이 바랠수록
더한 그리움으로 남는다는 걸
세월이 이만큼 흐른 뒤에야
알게 되었다

가슴 깊이 묻어 두었던
추억의 잔재
아련한 기억
떨림으로 다가오는 영상들

습관처럼 더듬던
추억의 시작과 끝은
언제나 '너' 였었지

흐르는 시간만큼
퇴색될 줄 알았던 그리움의 빛깔
닳고 닳아 버린 흑백사진처럼
남아 있는 기나긴 여운

새벽 바다

해무 드리운 어둑한 새벽
파도마저 숨죽인
외경畏敬의 바다

어디선가 정적靜寂을 깨뜨리는
긴 뱃고동 소리
선잠 깬 갈매기들 날아올라
서둘러 어둠을 벗겨낸다

희미하게 경계를 드러내는
동녘 하늘에
어제를 물리고 새날을 밝히는
장엄한 빛의 조화造化

저항할 수 없는 숭고한 기운
땀내 절은 옷깃을 여미고
새로운 삶을 다짐하며
빛바랜 과거를 바다에 묻는다

김한주

아들의 고향

고달픈 삶이어도
언제나 풋풋한 모습으로 다가와
마음을 녹여주는 고향

볏짚더미 어둑한 비밀본부
깔깔대던 소꿉동무들
진달래 산딸기로 군것질하고
콩서리 수박서리로 허기 채우며
송사리 가재 잡던 개구쟁이 시절
생각만 해도 푸근하고
웃음이 절로 난다

일 년이 멀다 하고
아비 따라 곳곳을 전전하며
어린 시절 다 보낸 우리 아이
보고픈 친구나 있고
찾아가고픈 곳은 있는지

추억도 그리움도 없이 살다가
어느 날 문득 물어오면
이 땅 모두가 고향이랄까
생각만 해도 기가 막히고
눈물이 절로 난다

김한주

벚꽃

눈밭에서 살아난 햇살에
여민 가슴 드러나자
막무가내로 파고드는 꿀벌

벌건 대낮의 애무
연분홍빛으로 달아오른 속살에
넉살 좋은 침입자의 춤사위는
그칠 줄을 모르고

하늘도 시샘을 하시나
비바람 뿌려대니
부랑자는 간 데 없고
하룻밤 새 나락인데

물기 머금은 여인네의
싱그러움인가
포도 위에 널브러져서도
자개처럼 영롱하다

동백 분재

앉지도 서지도 못한
엉거주춤한 세월이었다

사람들 입김에 묻어오는
세상 이야기는
나를 더욱 목마르게 하고

별빛 내리는 언덕에
심기고 싶은 소망은
저문 녘 노을빛으로 남았나

봉오리마다 그리움 찍어
한 겹 두 겹 밀어내는
나의 봄이여

봄이 오는 길목에서

봄바람 속으로
나풀나풀 날아드는 나비와
붕붕거리는 벌들,
보는 것만으로도 벅차

가로수 벚꽃 길
밤에도 낮인 듯 환한 그 길을
나 꽃잎 되어 흩날릴 텐데
누가 보면 어쩌나

누구와 약속하지 않았어도
아지랑이 오르는 들길 거닐며
나 절로 신명날 텐데
부끄러워 어쩌나

이제는
따뜻한 봄 같아야지
환한 꽃웃음 피워내야지

가을이 떠나는 자리

가을이 표표히
떠나 허허로운 자리

새 발자국처럼
파란 하늘에 찍힌 단풍
잔가지 끝에 남아 불어오는 삭풍에
그 미련마저 후린다

진홍의 열정 회상하며
에돌던 낙엽
총총 서둘러
어디로 돌아가려는가

제 몫 다하고
가야 할 곳 갈 줄 아는
또 다른 수용을 위한
빛나는 여정이다

제2부

그네 타는 소녀

해님이 뒷걸음치고 있는 놀이터
엄마가 부르는데
소녀는 노을이 곱게 물든 구름을 잡으러
자꾸만 날아오릅니다

조영인 시인
'문예사조' 신인문학상 수상
바다문학상 대상 수상
바다문인협회 부회장,
현) 교직

김중근 시인
'문예사조' 신인문학상 수상
바다문인협회 부회장
현) JG기획 대표

하은 시인
'문학세계' 시부문 등단
포천문화원 회원
포천예술인동우회 마홀문학회 회원

김호순
난고초청문화제
제6회 바다 문예대전 입상,
제7회 바다 문예대전 최우수상 수상,
바다문협회원, 현) 중국 청도 거주

이용희
바다문인협회 회원

조미영
제7회 바다문예대전 대상 수상,
서울메트로 초청 시화전 출품,
현) 미국 거주

이석렬
경남 진주 출생
한국방송통신대학
현) 울산 거주

이현숙
경남 하동 출생
제1회, 4회 자유문예대전 시부문 입상
05서울지하철공사 초청 시화전 출품

최태섭 시인
'문예사조' 신인문학상 수상
시집 '내 허락 없인 아프지도 마' 공저

김경숙 시인
'신문예' 시부문 등단
한국신문예문학회 이사
시조문학회회원

채환석 시인
전북 군산 출생
'한맥문학' 신인문학상 수상,
현) 공무원

박명춘 시인
'한겨레문학' 신인문학상
수상
한국문인협회회원
현) 공직

김용욱 시인
월간 한울문학 신인문학상 수상
서울메트로 초청 시화전 출품
(주) 세중미디어 대표이사

조영인

연못으로 오는 봄

잔잔한 물 위 살얼음판 비키어
서너 쌍의 물오리들 한가로운 사랑놀음
갈꽃도 보기 좋은지 멀찌가니 바라본다

몸져누운 묵은 창포 짓무른 잎 헤집고
밑동에서 돋는 새움, 봄의 서곡 아닐까
여인네 단오를 기다리는 마음 설렘 부추긴다

목 허리 꺾인 채로 청정한 빛 여윈 연蓮
지난여름 띄웠던 염화시중 거두고도
취향정 찾는 이 위해 물때 낀 가슴 삭인다

* 취향정醉香亭 : 전주시 덕진지德津池에 있는 정자

조영인

불국사의 은행나무

늦가을 햇살 아래
한 그루의 은행나무

황금빛 반짝이는
신라의 금관인가

찬란한 역사의 장이
눈부시게 어린다

자연의 순환처럼
역사의 흥망성쇠

갈바람에 낙엽 지고
봄옷을 새로 입으면

빛나는 영화의 그날
다시 찾아 오려무나

조영인

환생還生

난고의 계곡 따라
줄지은 들꽃 무리
한 시대 풍미하던
방랑 시인 혼령인가
노루목 찾는 이 반겨
흐무뭇이 웃는다

임의 얼 기리고자
모여든 사람들 속에
조각도 다루시는
장인匠人의 혼이 실리면
다시금 돌아오실까
한 말씀을 하실까

피나무 몸을 빌려
다시 오신 풍류가객
마대산 신령님도
어찌 아니 반가우리
술잔에
띄우시는 글꽃,
내 가슴에도 피어라

김중근

단풍

산과 들이 물들었다
붉게 노랗게

얼굴에
연지곤지 예쁘게 찍고

수줍은 듯
수줍은 듯
고개 숙였다

김중근

겨울 강

강물을 죄다 얼려서
햇빛으로 문질러 윤을 내고
아이들을 기다리고 있는 겨울 강

거울처럼 반들반들,
산 그림자가 슬며시 들여다보지만
어림없지
시끌벅적 얼음지치고 팽이 치러
개구쟁이들이 몰려 올 테니까

강 언저리 털보아저씨의
뚝딱뚝딱 썰매 고치는 소리도
겨우내 한 번쯤은 듣고 싶은데

얼음이 녹을까 봐 더더욱 꽁꽁 얼려서
반지르르 광을 내고는, 오늘도
기다림이 있어 외롭지 않은 겨울 강

김중근

그네 타는 소녀

소녀가 발을 구를 때마다
하얀 이마가 반짝반짝
그러다가 파르르 떠는 머리카락에
얼굴이 휘감깁니다

진달래처럼 활짝 핀 분홍입술,
물방울소리보다 더 투명한 탄성으로
포물선을 그리고

신바람 난 복숭앗빛 두 볼이
팽팽한 그넷줄 위에서
터질까 봐 조마조마합니다

해님이 뒷걸음치고 있는 놀이터
엄마가 부르는데
소녀는 노을이 곱게 물든 구름을 잡으러
자꾸만 날아오릅니다

하은

너 사랑아

하늘 그리워
이는 조바심에
푸른 눈물 흘리다
제 물에 잠긴 바다.
차라리
겨드랑이를 지나는
물고기를 사랑할 걸
그랬는가보다
살랑거리며 감겨들던
해초의 유혹도
쉽게 물리친 터에
하필이면
이제 와서
평생을 달려도
결국 만나지 못할
그 사랑에게
목숨을 걸게 되었는지.
해거름 되도록
수평의 끝
샅샅이 뒤져보아도
영永
떠오르지 않는
조각배

사랑나무

실바람에
허리를 틀며
화사하게 웃는
자귀나무 꽃잎
숨은 향기 아래서
합환合歡의 단꿈을
나는 꾸노라

올올이 풀린
사랑 안으로
아슴푸레
하늘거리며
달려오는
연분홍 두근거림아
어쩌란 말이냐

사직서

수북하게 쌓인
눈에 익숙한 이면지
오늘은 그를 외면하고
앞뒤 하얀 종이를 집어 들었다
눈치 보기 싫은 날
오직 순수를 지향하는 내면을
고스란히 표출하기 위해
종이 위에
펜을 가만히 올려본다
까만 점의 생성은
첫 키스의 달콤함 같은
아득한 유혹의 시작이며
소리 없는 획의 진행은
이면이 있을 수 없는 삶의
순수한 저항일 뿐
사직서 제목 아래 늘어서는
적당히 취한 글씨들이
나를 보며 통쾌하게 웃고 있다
내내 꿈꾸어 온
완전 자유 할 권리
이것이 순전한 내 맘이다
처진 어깨가
내일은
조금 올라가려는가.

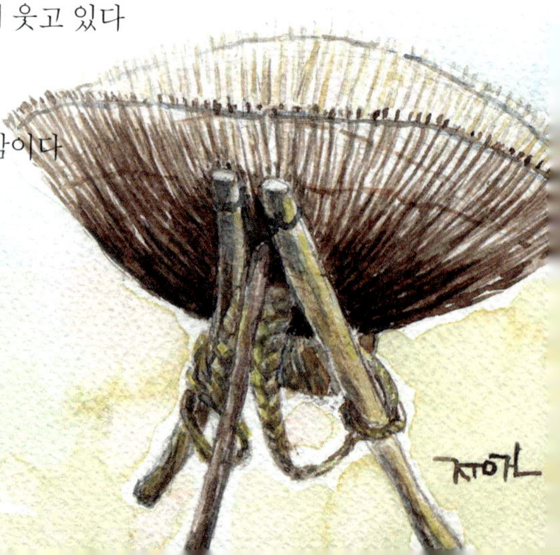

김오동

간이역

흘러간 시간 속 머무는 인생역
적응하기 어려운 문명의 속도에
야생의 풀 향기 안겨오는 곳

시골장터 같은 사람들
덜컹거리는 완행열차 바닥 귀퉁이에 놓인
낡은 삶의 보따리들

서울이 멀어질수록
다가오는 정겨운 사투리
덜컹! 멈추었다
덜컹! 출발하는
완행열차의 창 밖 그 밤은
누가 보아주지 않아도 꽃은 피고 졌다

문명의 격류에
아름다운 기억들은 무정히 흐르지만
그리움 속 그곳엔
간이역이 있고 꽃은 피고 지고 있다

김오동

조약돌

모태의 아픔을 자르고
이슬 젖은 심산에서
진실을 꿈꾸던 넌

실개천의 숨결과
별의 형상을 아로새기며
모난 모습으로도 충분히 아름다웠다

심산궁곡 폭우에 몸 던져
바다를 꿈꾸며
고요 속에 머물다가
리듬 타고 흐르면서
반듯한 너의 모습
세월을 담고
바람과 별이 머무는
계절의 결정체가 되었다

이제 아름다운 인연으로 머물며
침묵의 그리움을 이야기하고
신선한 바람을 일으키며
포기하지 말라는
무언의 격려를 던진다

김호동

신록新綠

주체할 수 없는 출렁임
결실을 향한
푸른 함성의 휘모리 장단에
춤사위가 펼쳐집니다

삶에 대한 불확실은
어둠 속에 물리고
싱그럽게 다가오는
내일을 향한 희망의 지표입니다

마음 가고 눈길 가는 곳마다
푸른 휘장 겹겹이 두르고
대지를 달리며
초라한 영혼들의 갈증을 해갈시키는

그것은
사랑과 포용의 마음입니다

김호순

붓꽃

하늘을 펼쳐 놓고
햇살 머금어
점점이 꿈을 찍어내네

머리로는
태양 속을 달빛 속을
달려가는데
언제나
보랏빛 넥타이 차림으로
꼿꼿이 제 뿌리 지키는
그대

붓처럼 다소곳한 그대여
내가 바람이 되어줄까
그대 열정 훅훅 뿌려
펄럭이는 깃발이 되게

김호순

그 언니

새벽 휘파람 소리를 남기고
한 사람이 떠났네

사막의 사구아로 선인장이었어
황량한 밤 홀로 피어
별빛처럼 웃다가 태양 아래
몸을 감추는 낮은 음표 그 언니

꽃보다 진한 향기는
엄마 잃은 어린 새들을 부르고
나무처럼 긴 가지를 펴
낯선 심장들을 덮어 주었어

빗물 한 모금도 아껴서
낙타처럼 몸 안에 지닌 물탱크
상수관이 되어 진액마저 짜 올리면
가시덤불마저 꽃을 피웠어

다들 잠든 사이 안녕을 고했네
평안이 되어 주고
모든 독을 대신 품고 사라졌네
별빛 속에 고요하네

김호순

산행山行

– 라오산을 다녀오며

산문山門에 들어서면
흐르는 맑은 계곡
찌들린 심장을 꺼내어 씻는다

별스럽지 않은 배낭 하나만으로도
출렁다리 지나 길고 높은
돌계단을 오르면서 천근만근

편하게 놓아주지 않는
외로운 산길
꽃처럼 향기롭진 않아도
쉼 없이 가고 싶은데
돌층계 오를 때마다 무릎에서
삐걱대는 절망의 소리

그래도 저마다
자기 짐을 지고 가는 것이라면
산마루 지나 내리막길,
꺾이는 무릎 흔들리는 발목
잡아 주는 건 내 등의 짐
비탈진 산길 속에서
깨달음 하나 얻는다

이용희

칠순 날

아버님 칠순 날
일가친척 모두 모인
즐거운 잔치

케이크 자르고
노래를 부르고
시도 지어 바치네

육 남매 잦은 말썽에
까맣게 타버린 숯가슴
이젠 활짝 펴시고
평생 지고 오신
가문의 멍에도
훌쩍 던져 버리시고

부디 오래오래 사십시오
함께 올린 큰 절에,

너희들 못 먹인 게 한이다
눈물 훔치시는
큰 사랑

이용희

노트북

노트북은 나의 심부름꾼
거북등 같은 자판을 두들기면
그 때마다 나를
망망대해로 인도한다

정보의 천국을 지나
지구 반대편 메일 나라까지
모르는 게 없는 마당발

힘겹거나 아플 때면
좋았던 일들 모두 잊은 듯
뚝하고 시치미를 떼기도 하지만

인생의 고락을 언제나 함께 하는
소중한 나의 동반자

목련

이용희

알싸한 겨울 향기
아직 코끝에 남았는데

보송한 털옷 입고
살며시 고개 내민
성마른 봄맞이 꽃

집집마다
거리마다
고운 연등으로 내걸리는
따스한 사월을 그리며

오늘도
찬바람 속
꿋꿋한 볕바라기

조미영

이별의 순간

미끄러지듯 달려온 택시는
헤어지기 싫은 내 마음
아는지 모르는지

나 홀로 남겨 놓고 다시금
희뿌연 시야를 내달린다
애틋한 속내를 한 번쯤
헤아릴 순 없는 것일까

마지못해 돌아서서
함께 했던 짧은 시간
밤바람 자락 속에
꼬옥 여미어 보는데

차창에 얼비치던
그 눈빛들 아쉬웠는지
흥건히 젖은 내 스카프도
보랏빛 꼬리를 늘어뜨린다

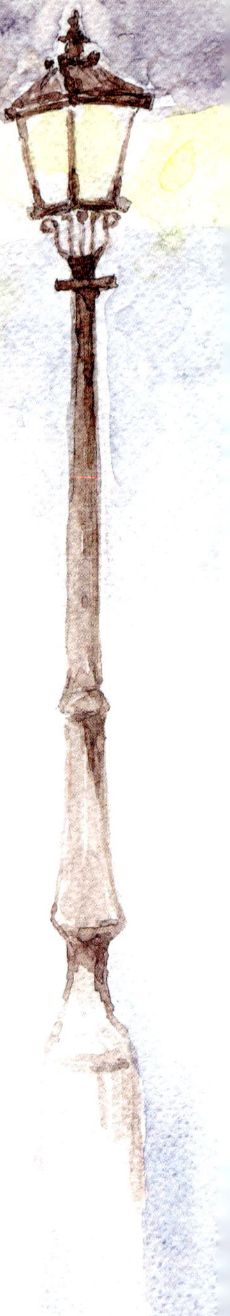

조미영

연鳶

얼레에 감긴
끝없는 호기심의 세월을 풀어
하늘로 오른다

차분히 뒤따라 오른 회상回想,
겨울나무 잔가지에
잠시, 걸터앉는다

푸른 꿈길로 초대받은 기쁨은
이루 말할 수 없는 설렘이었고
그리운 것이면
무엇에든 닿으려 몸부림치던
무지갯빛 꿈을 향한 집착의 꼬리 한 자락

기억합니다
그것이 삶을 지탱하는
유일한 희망이었다고

간혹 가슴을 저미는 바람 탓에
눈물로 얼룩지고 퇴색되어도
아름다운 세상을 동경하는 마음,
접을 수 없는 버팀목이었다고

조미영

한여름 밤의 음악회

뮤직 떼라피스트, 모짜르트 그는
능숙한 솜씨의 피아니스트로 하여금
무더위의 늑골을
자근자근 주무르게 하질 않나

밤하늘 가득 흐르는 오케스트라의 선율에
노릇노릇 구운 별빛 얹어
메마른 감성의 안팎을 뜸뜨질 않나

빼근한 하루,
녹작지근하리만치 달콤한
뮤직 떼라피의 향연에

부지런 떨고 나온
벌거숭이 둥근 달도
지긋이 눈 감은 채 온몸을 내맡기네

* Therapist- 요법사, 치료사

* Music therapy- 음악요법, 음악치료

한 잔 술

슬그머니
시원한
술 한 잔 간절하여

책 덮고
하늘 보니
가랑비가 부슬부슬

가오며
시오리 길을
갈까 말까 하노라

이석렬

난

성근 일 덮어 두고
텃밭에 김을 매다

마음에 점을 찍고
마루에 오침 들자

창가에
선비 향내가
살포시 흔들고

가녀린 잎새들은
실바람에 몸을 싣고

언제나 푸른빛에
한평생 살면서

이슬로
꽃 마디마다
한 방울씩 매단다

산방山房

푸른 솔 우거진 골 정淨한 곳 터를 잡아
새소리 좋을시고 바위 사이 물소리들
어울림 맑은 바람은 산방 뜰 안 가득터라

운시원雲詩園 마루에 첩첩 산 멀리하고
풍류인 마음에 절로 이는 싯귀 따라
흥겨워 이슬주 담아 권고 받고 하오며

달빛 담은 작설雀舌 한 잔 입안에 번져오면
물들은 마음조각 염부단금 빛이 되니
선경을 달리 찾아서 이곳을 어이 가리

이현숙

봄

감미로운 실비의 입맞춤,
대지가 눈을 뜨면
표면 아래 들끓던
연둣빛 아우성
건반 위를 구르는 음표가 된다

손에, 손에 꽃등 밝혀 들고
무지갯빛 선율에 담긴
향기로운 꽃들의 축제
절정을 향해 현絃을 고른다

무시로
불어오는 황사 바람에
쓰린 가슴 움켜쥐고
소리 없이 흐느끼기도 하지만,

천지의 찬란한 협주
황홀한 음률에 싣고
미래를 향한 벅찬 꿈
일제히 환호의 깃발을 흔든다

이현숙

민들레

지상으로 추락한 별들인가
척박한 대지에
실낱같은 소망 뿌리내리고
기지개 켜고 노랗게 웃고 있다

숱한 날을 배회하며
단단한 아스팔트 틈새
비명 같은 삶
질긴 목숨을 걸쳐놓고

아직 시리기만 한 봄
낯선 풍경 속에서
꽃샘추위, 온갖 시련에도
저토록 환한 미소를 가졌으니

오직 너를 닮고 싶은
선부른 꿈 한 자락,
숱한 좌절의 언덕 넘으면
나도 맑고 고운 빛의
향기로운 꽃 한 송이 피울 수 있을까

유자차를 마시며

허기진 가슴
움츠러든 허리
웃을 줄 모르는 창백한 얼굴
옷깃 여미며 마주하면

따스한 눈빛
노랗게 웃고 있는 네 미소
빛의 산란처럼
찬란한 유영을 시작한다

찬바람에 퇴색해
식어 가는 열정
쉼 없는 풀무질로
꺼져 가는 불씨 돋우며

때론 미풍에도
마비되는 영혼
사랑보다 소중한 꿈을 키우며
소망의 잔, 너를 마신다

최태섭

꽃샘추위

알쏭달쏭한
눈발 섞여 내리는 봄비

일기예보에
내린다던 비는
아쉽게도 저리 멈추려나 봐

그러고는 이어
영하의 꽃샘추위 있을 거래요

요렇게 몇 번
들쭉날쭉 그러다
꽃피는 봄날 곧장이겠죠

최태섭

만년晩年의 대춘待春

봄 마중하던
꽃샘추위는 엊그제였고,

이리도 싱그러운
계절의 여왕 5월이어라!

나뭇가지 움트던 새순
녹음으로 이미 짙어지는데

개나리 진달래 철쭉
종달새 노랫소리 아직 귓전에

봄날은 어느새 갔고
부르지도 않은 여름 다가오는데

그렇게 가을맞이도
순식간에 왔다 가버리고 나면

온통 눈 덮일 산야
그 겨울 동면冬眠을 다시 또 깨랴

최태섭

두 번 핀 꽃길

봄인 듯 여름인 듯
녹음 짙은 5월 끝자락

흐드러진 아카시아꽃
꿀 향기 가득 진동하는데

터널 이룬 숲길엔
간밤에 쌓인 꽃잎들

머리 위 반은 떨어져
발걸음 걸음마다 다시 피었네

겨울에 눈이 쌓이듯
지천에 널린 꽃길 거닐며

차마 어쩔 수 없어
사뿐히 즈려밟고 지나갔어라

김경숙

추가노브카의 나무

겨울이 와도
추가노브카의 나무는 죽지 않는다

노래를 부른다
온몸에 피란 피가 다 흘러
발밑으로 쏟아 부어도
정녕 다 주었다 말하지 못하고
생손을 잘라 더 내어주는
추가노브카의 나무는 늘 꼿꼿하다
두터운 이끼로 길어 올린
역사의 이름으로 바지춤을 움켜쥐고
눈물로 눈물로 돌아본다
세월 속에 버려진 연자는
가쁜 숨을 몰아쉬며 길을 묻고
무섭게 호령하던 눈보라 속으로
봇짐을 싸던 세 이웃
굽은 길 양지녘에 제기를 차는
파란 눈의 이국 소년과
언 손을 부비며 팽이를 돌리는
러시아 소녀는
누구의 시름을 물려받았나
추가노브카의 겨울나무는
뜨거운 가슴으로 마르지 않은 채
그리운 노래를 내어준다

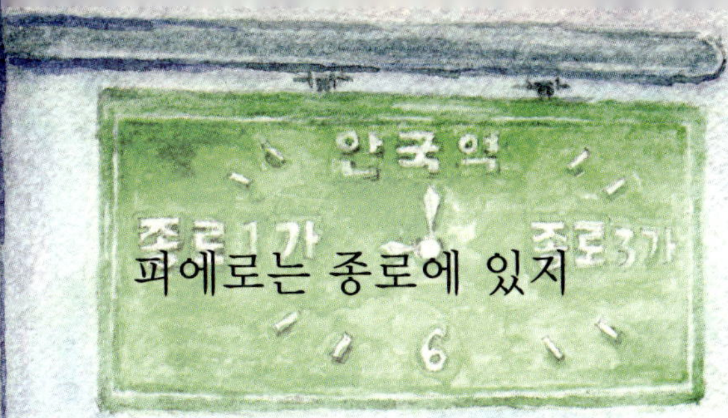

피에로는 종로에 있지

김경숙

4월이 서둘러 문을 닫는 거리에는
보라로 꿈을 일구는 라일락의 호흡이 숨가쁘다
한창 제 일을 하는 나무에게 휴식은 없다
아프게 몸을 비틀며 향기를 내어 뿜으며
해마다 반복되는 일정에도 지친 얼굴은 사절이다
지금이 아니면 곧 잊혀지고 말 그리움의 향내
처용의 달이 뜨고 친숙한 바람이 만져지는
종로 거리에는 피에로가 낡은 리어카를 끈다
분칠을 하지 않은 개점 휴일
좌판에 내어 놓은 시침과 분침 사이에는
5번 척추가 습관처럼 휘어진다

김경숙

하관식

수척해진 새벽별이 신음을 하고
몸을 푼 상현달이
돌아누워 가쁜 숨을 고르던 날
언 땅에 님을 묻고
돌아내려 오던 눈 덮인 언덕
몸을 접어 흙으로 간 사람과
넘어질세라 허겁스러운 비명을
지르는 산 사람들의
삶과 죽음의 비겁한 차이
발끝에서 몰려들던 후회가
가슴으로 오르기 전에 용서가 되고
깊은 서러움에 목이 잠겨도
결코 곁에 누울 용기는 없는데
머릿속을 유영하던 묵은 추억이
낯선 이국의 하룻밤이 되었나
흙으로 먼지로 바람으로
조용히 삭아지는 그리움이
무게를 싣고 낮게 낮게 내려지던 날

채완석

플랫폼에 서서

떠난다는 것은
마음의 한 귀퉁이를 허물어
아무도 모르게
혼자만의 흔적을 묻어두는 일이며

가벼워질 수 없는 슬픔을
의식해야 되는 과정이다

삶의 무게 속에
또 하나의 아픔을 더한 채
시선이 머무는 철길의 끝은
언제나 만남을 거부하고

기적汽笛의 공명空鳴조차
슬픈 플랫폼에는
오늘도 무수한 이별들이
표정을 잃고 묻혀 있다

마치
폐광의 어두운 입구처럼

채환석

등대지기

하늘과 바다 사이
한 획을 그어놓고

그곳에 점 하나 찍어
외로움 표하니

갈매기만 쉬어가는
외톨이 안에서

바다를 연모戀慕하는
심장으로 불을 지펴

그 불꽃 지키려는
안간힘

채완석

개화開花

소란스런
한줄기 바람은
돌담 사이를 비집고

꽃 소문으로
게으른 앵두나무에
춘심春心을 심어

보는 것으로도 좋을
그런 얼굴에

한 점 홍조로 피어날
환한 유혹

박명춘

접시꽃

봄부터 부지런히
심장 같은 넓은 잎 대궁이 세우며
쑥쑥 자라더니
한더위에 봉긋봉긋 꽃망울 만드는 접시꽃
들일 하다 돌아와 점심을 먹고
느긋한 마음으로
하양 빨강 노랑,
화사한 꽃송이들 그려본다
담 너머 이웃들 인심마저도
곱게 안아 피어날 꽃
오늘도 하늘하늘 몸놀림이 바쁘다

장미꽃의 합창

덩굴장미가 서로 자랑하느라 바쁘다
빨강 하양 노랑
왁자지껄 돌담을 타고 올라
해질녘 더위도 물러간 시간
술이라도 한 잔 걸친 것인가
덩굴장미의 합창
노을 젖은 하늘로 울려 퍼진다

녹음

녹음 우거진 산자락에 허전한 마음
즐거워야 할 시간에
나만의 외로움인가
그리움인가
아름다운 연가로
어디선가 금방 다가들 것만 같은
아련한 영상
그때가 이때쯤이었을까
친구로 연인으로의 만남들
덧없이 흘러 버린 세월을 뒤돌아
나 이제 한 움큼씩 쥐어보는데
꽃 피고 새 우는 모습
그대로 남은 뒤안길에서
텅 빈 허전함은 채울 길 없네

김용욱

코스모스

떠돌이 바람 한 올
부끄러운 옷고름 헤치고

순수를 옮아
그리움 눈망울에 새기고파

하늘을 맴도는 고추잠자리
가을을 날아 흠모의 춤을 추면

설레임만 꽃잎에 남아
가슴속 신열 앓는 중모리 가락으로

삭아가는 햇살 끝에 영그는
황금미소 넉넉하게 피어나면

연분홍 낭자들
손 흔드는 모습이 곱다

김용욱

사모곡思母曲

빼곡히 써둔 가난살이
살붙이 눈망울에 물들까봐

미루나무 끝으로
소원 빌어내시던 목소리

토방을 넘나들며
눈물 흔적 지우시던 그 자리에

빈 세월 내려놓고
메워가며 살아 보라고

얼레 풀어 띄운 연
참빗 끝 숨결이 그리운
어머니 어머니.

김용욱

가을 선비

젖먹이 여린 잎
긴 수염 부끄러운 박꽃
별빛 뒤로 몰래 숨어

돼지막 초가지붕
히죽 웃고 걸터앉은
순한 엉덩이

용마루 베게 삼아
숨차도록 보살피던
수줍은 보름달

탁배기 한 사발
읊조리는 시조 한 수
도포 한 벌 대금 하나
두둥실 구름 위로 실려가니

순수를 입혀
꽃으로 피워 낸
박각시 일편단심
가을 선비 가슴만 태우누나

제3부
자신있게 거울을 보자

흐르는 물속 이끼처럼
내 속에 가라앉았던 앙금들이
표면으로 떠올라
꽃이 된 내 모습이란다

황현미 시인
'문예운동' 신인문학상 추천 등단,
바다문인협회 사무국장
문예대학 강사

안숙현 시인
'문예춘추' 신인문학상 수상
영상 아티스트
시집 '내 허락 없인 아프지도 마' 공저

민병희 시인
'한울문학' 시부문 신인상 수상
'날개문학' 신인상
06 서울메트로 초청 시화전 출품

김명숙
자유문예대전 시부문 입상
바다문예대전 동시부문 입상
현) 교육공무원

박순영
제6회 바다문예대전 수필부문 수상
제7회 바다문예대전 동시 부문 수상
06 서울메트로 초청 시화전 출품

허옥란
경북 울진 출생
04 서울지하철공사 초청 시화전 출품
06 메트로초청 초청 시화전 출품

김선례
제1회 자유문예대전 시부문 우수상
수상
현재 천안 거주

남상숙
춘천 출생
06 서울메트로, 도시철도공사
초청 시화전 출품
시집 '내 허락 없인 아프지도 마' 공저

박영창
한국방송통신대학교 국어국문과 재학
2006서울메트로, 도시철도공사
초청 시화전 출품
현) 이천화원 운영

손광식 시인
'한울문학' 신인상 수상
문학예술교류진흥회 회원,
(현) 태림아트 플라워 대표
06서울메트로, 도시철도공사 초청 시화전 출품

이기윤 시인
'한맥문학' 신인문학상 수상
현 미국내 및 타국에
의료선교 장로로 활동.
현 한의학 박사 논문 지도 및 심사.

정인범 시인
'문예사조' 신인문학상 수상
06서울 메트로, 도시철도공사 초청
시화전 출품
자유기고가

황현미

갈대

너였구나
철새의 깃털 주워 모아
계절의 수의를 엮을 때
하얗게 부서져 내리던
휘파람 소리

너였었구나
순금의 무게로 가라앉아
추억을 손질하던 강변,
흐드러진 햇살 헤치고
바람처럼 다가오던
그 수런거림

바로 너였었구나

왕현미

자신 있게 거울을 보자

깜박 속았다
화장하지 않아도 예쁘다는
딸아이의 말에

거울도 안 보고
그럭저럭 살다보니
발길 드문 손님과 달리
하나 둘 자리 잡은 검버섯님

그러려니 했는데 어느 날
욕탕 거울에서 마주친
낯익은 낯선 모습
누구시더라

흐르는 물속 이끼처럼
내 속에 가라앉았던 앙금들이
표면으로 떠올라
꽃이 된 내 모습이란다

받아들여야 하리
검든 붉든 사랑해야 하리
당당하게 고개 들어
다시 거울을 보리라

황현미

탈출, 꿈꾸어도 되는가

하루 이틀 정도
일상에서 벗어나
사색에 잠기기 위해
혼자 있고 싶은 간절한 날이
주부에게도 있다

허락되지 않는 현실,
그래서 꿈을 꾼다
새처럼 날아오른 하늘
마냥 자유로울 것이라 생각했는데

외로운 그리움은 나도 모르게
저 아래 세상을
하염없이 바라보고 있다

무수한 점들, 그 속에서
마주친 푸른 눈빛
있어야 할 내 자리를 떠난다는 건
모두에게 상처인 아픔인 것을

너의 사랑 한 방울

너의 사랑 한 방울
내 가슴에 떨어져
나의 사랑은
싹이 트고 자라지

너의 사랑 한 방울
나에게 떨어져
나의 사랑은
꽃이 피고 열매를 맺지

너의 사랑 방울방울
먹고 사는 난
늘 행복해

아침 창가에

눈 뜨면
창가에 찾아 든
아침 햇살과 신선한 공기가
방긋 미소 짓는다

기지개를 켜고
창가에 서서
바람결에 흔들리며
떨어지는 이슬방울을 보며
나도 방긋 웃는다

한 방울의 이슬을 머금고
햇살에 반짝이는 꽃잎을 보니
은은하게 울려 퍼지는 음악처럼
향기로운 커피 한 잔
마시고 싶어지는 아침

이렇게 신선한 아침에
나랑 커피 한 잔 하실래요

나의 사랑아

톡하고 건드리면
펑하고 터질 것 같이
피어오른 나의 사랑아

네가 나에게 오던 날부터
아무것도 할 수 없고
아무것도 볼 수 없는 난
바보가 되어 버렸나봐

너만 생각하면 아프고
너만 생각하면 배고파
너만이 날 치료해 주는 약이고
너만이 날 배부르게 하는 밥이야

이렇게 소중한 넌
내 인생의 전부야

민병희

비정한 나의 젊은 날

가끔은 문득문득 기억 저편에서
쓰라린 과거가 날 조롱하지만
서릿발처럼 싸늘했던 가슴도
길고 긴 세월 앞에 두 무릎 꿇고
웅크렸던 마음 차츰 녹아내려
덧없는 세속에 무덤덤한 생활

칼날 세워 서슬 시퍼렇든 멍든 마음
아팠던 기억도 잊으려 애를 쓰니
칼날은 무뎌져 무용지물이 되고
힘에 부친 고뇌의 바다를
어찌 건너는지 까마득하다

열정으로 들끓었던 젊은 몸뚱이는
긴 고통 속에서 혼자 사위어가고
무심한 세월은 긴 겨울만을 선사해
꽃다운 청춘은 간데없고
볼품없는 중년의 비게덩이만
실없이 둥실거리고 있구나
비정한 나의 젊은 날

민영희

손에 잡히지 않은 그리움

소슬바람에 나뭇잎 흔들려도
눈물 고이고
푸르고 맑은 하늘 올려다봐도
눈이 시려 가슴은 미어지는데

잡힐 듯 잡히지 않는 바람처럼
몹시도 보고 싶은 날
임 그리는 마음만 커져
높은 하늘 흰 구름만 탓하는구나

두둥실 떠가는 흰 구름아
너에게 보고 싶은 마음 실어
내 임께 보내고 싶구나
하늘은 맑고 청아한데
나의 마음은 슬픔으로 가득 차
먹구름만 끼는구나
임 그리는 마음은 어떤 색일까?

민병의

무엇이 되어 만나리

누구나 가는 길 있듯이
내게도 그에게 가는 길이 있다
그대 서 있는 뒷모습 보여도
나 그대 마음 볼 수 없듯이
바람에 흔들리는 나뭇잎 보여도
바람은 보이지 않는다

그대 늘 그 자리에 머물러 있는데
나 혼자 소설 쓰며 사랑했다
이별했다 한다
사랑하지 않아서도 아닐진대
괜스레 혼자 간격 두고 애달아 한다

무엇이 되어 만나리
쉼 없이 흐르는 물처럼
멀지 않은 날 강물이 되어 만나리
흔들림이 없는 맑은
당신을 두고 나 혼자 오늘도 자맥질한다.

사랑초

사랑을
보여줄 수 없지만
그 마음 풀어
초록 잎에 그려낼 수 있고요

사랑을
말로 할 수 없지만
연분홍 사연
꽃잎을 곱게 물들여 놓지요

이따금
사랑이 흔들리고
고통으로 힘겨워도
늘 함께 하기만 바라기에

나비처럼 나풀대다가도
밤이 오면
가는다란 잎자루에
다붓이 모여 잠들지요

김명숙

솔이끼

매초롬히
풀잎에 햇살 닿는 산길
호젓이 흐르는 물소리는
반걸음씩 딛던 다리에
힘을 더해준다

밤새
나뭇잎 미끄럼 타고
솔이끼에 총총 맺힌 물방울
내 발걸음 소리로
바스스 일어서고

사부자기
지휘하는 골바람 따라
연주하는 수풀소리에
절로 이는 어깻바람

얼른
삶의 걱정은 이끼 속에 숨기고
나무, 바람, 물과 나도 하나 되어
기쁨을 노래한다

김명숙

비 내리는 날

빗소리에 이끌린 마음
어둠이 풀어지는 창가에서
젖은 휴지처럼 눅어진다

길섶 풀잎마다 씻어내듯
비는 내 설움 닦아내고
엉그름 틈새마다 촉촉이 채우듯이
내 마음에도 뿌려준다

대지에 내리는 빗방울처럼
나도 온몸 던져,
무거운 삶 덜어내려고
빗물 되어 그대에게로 흐른다

박순영

고독

별도 달도 찾지 않는
칠흑 같은 어둠 속에
잠시,
삶의 고단함을 내려놓고
외로움마저 버리는 시간

침묵은 강이 되어 흐르고
빈손으로 서 있는 나는
또 다른 내일을 담는다

계절이 떨구고 간 상처에
가끔은 소름이 돋는다
벽을 타고
천장으로 창 틈새로
숨어들던 눈빛들

이젠, 자유로워지거라
너에게로 한 발 다가선 가슴에
봄 햇살이
하얗게 부서져 내리고 있다

박순영

넝쿨 장미

피 끓는 그리움
단비로 적시고
봉긋한 가슴 살며시 풀어헤친
다음

아이들 학교 보내는 담장 너머로
어릴 적 그랬듯이
장독대 울타리 다 덮을 듯 출렁이며
불바다 이루는 곳

지금은 가도 찾아 볼 수 없는
어머니 모습 떠올리다가

까맣게 탄 속울음 끼얹어
먼 구름에게 붉게 전하는
내 마음처럼 피었네

눈꽃

낙엽 떨군 벚나무 가지 위로
나풀나풀 날아와
사뿐히 내려앉은
순결한 모습이여

여인의 젖무덤처럼 부드럽게
윤중로 거리를 휘덮던 날
핑크빛 꽃물결 넘쳐나는 사랑을
너는 받았었지

계절이 남기고 간
아름다운 날들 속에
새하얀 그리움으로 피어올라
달빛에 눈부시다 못해
차마 애처롭구나

촛불

백옥 같은 흰 살결 태워
불꽃 하나 태워 놓고
너와 나 한 몸 살라 타오르고 있다

황금색 물결로 열기가 번져나가
서로 주체할 수 없는 눈물로
기울어가는 어둠에 스스로 녹아내린다

점점 쓰러져 가는 내 형상
무형의 그림자만
일렁이는 너의 발밑에 드리운다

깊은 속 심지까지
하얗게 사를 때까지
타들어가는 내 몸이 너의 운명처럼
내가 없으면 너도 없음을 잊지말기를

허옥란

어느 봄날

홀연히 날아든
민들레 홀씨 하나
메마른 들풀 사이 까칠한 흙 헤집고
무던히도 기다린 나날

따사로이 간질이는 봄 햇살에
더는 기다릴 수 없어
연둣빛 고깔 쓰고
살포시 고개 내민다

언제, 또 언제쯤이면
수척한 들판에
노란 꽃잎 도탑게 열어
봄 향기 가득 펼쳐보일 텐가

단풍 연서

먼 산에서 숨 가쁘게 달려온 가을
내 곁에 가만히 등 기대고 내려앉는다
여름내 그리도 불타듯 뜨겁던 정열
온몸으로 태우고 태우더니
이제 떠나려 마른 숨을 쉬고 있다

무늬 없는 스산한 바람
가지 사이사이 비집고 들어와
싸늘한 입맞춤 하고 사라지면
아픔에 겨운 갈잎
소리 없이 속 울음 울다 지쳐
애써 태연한 척 예고된 이별 앞에
숙연함마저 보인다

이제
떨어져 나뒹구는 설움
그대 발 아래 머물어
한 줌의 흙으로 돌아가리

김선례

연인

사랑이 온다
수평선 너머에서
아주 작은 돛단배에 실려
미동도 없이
슬그머니 미끄러지듯이

하얀 백사장
파도에 씻겨갈 줄 알면서도
"사랑해"라고
모래 위에 새겨본다

사랑하는 사람이여
부디 가슴 모으고
따뜻한 손 꼭 잡고
흔들리지 말아다오

4월 어느 날

목련꽃 터지는 함성
눈멀고 귀먹고
다시
아리고 아픈 사랑
세월이 가고 오듯
사월은 또다시
여물지 못하는
안타까움으로 서 있다
건드리면 터지는 꽃잎으로
여미면 풀어지는 옷고름으로

김선례

그대와 마시는 차 한 잔

방금
구월의 문턱을 넘은 바람과
따가워진 햇볕 부스러기
푸른색이 배도록
먹음직한 커피를 탔어요

폭염과의 사투를 마치고
계절은
여름의 꼬리표를 떼고
들뜬 흔들림으로
여름을 추억으로 돌려버렸더군요

지난 것은 그리워진다고요
아니, 참으로 냉정하더이다
가고 싶어도 갈 수 없는
돌려주지도 않는

그래요 가만히 앉아
용케도 잘 참았노라
도란도란 이야기꽃 피우고 싶어
차 한 잔 탔어요
그대와 마시기 위해

남상숙

홀로 가는 길

비가 내려
외로움만이 나를 감싸고
영원히 내게 오지 않을
당신이기에

준비할 수 없었던 이별의
채워지지 않는 빈 자리
5월의 향기 속에
보내야 하는 당신입니다

먼 당신
나의 아픔 아는 당신께
슬픈 인연의 끈을 드리웁니다

그대 사랑 안에 머물어
바라볼 수만 있어도
당신은 나의 운명인 것을
당신은 나의 바람인 것을

남상숙

부칠 수 없는 편지

뱃고동 소리만이 요란한
겨울 바닷가
파도소리에 심호흡하고
저 멀리 수평선에
침묵의 편지를 보냅니다

가슴 속에 멍울진 그리움
밀려오는 물결 속에
띄워 보내며
비상하는 갈매기의 날갯짓에
내 마음 실어 보냅니다

전할 수 없어
속 울음 토해내는 그리움을
저 푸른 파도에 띄우고

조용히 불러 봅니다
지울 수 없는
그대의 이름을

몸살

파도에 휩쓸리듯
곤두박질치며

힘을 잃고 정신을 잃는다
몸 세포 하나하나

공중에서 산화되는 듯
고통마저 느낄 수 없고

나른한 맨몸뚱이
아득하게 깊고 깊은

나락으로 끝없이
내려앉는다

박영창

애가愛歌

한달음에 간다
내 좋은 당신께

눈을 감아도
눈을 떠도
하늘 가득한 당신

한숨에 산바람
또 한숨에 강바람
그리움이 사무쳐

몽글몽글 피어나는
연둣빛 사랑아!

텃밭을 일구며

하얗게 지워진 머릿속 휘휘 저어
건져 올린 게 고작
민들레 홀씨

지우고 새로 쓰자고
삽질 괭이질 두럭 만들고
쥐어짠 눈물로 적셔가며 심은

어린 모종을 심기도 전에 시들어 버리라면
아서라
심겠다고 그러면 잘 심어 거두라고
믿어라

고추도 심고
완두콩도 심고
까만 찰옥수수도 심고
쌈채도 심어 고기 구워 먹자

꽃이 피고 주렁주렁
세월 담은 열매가
광주리에 그득하면
당신의 행복한 노래가 들리겠지

기다림

바람처럼
해 가는 길
마음은 평행선平行線
길은 굽이굽이 멀다

솔가지 모로 누운
솔숲도 지나고
바람 달아 휘어진
갈밭 아래
아득한 양화楊花나루

빈 배!
새 집처럼 빈 배

네게로 가는 편지가 되어

손광식

네게로 가는 한 잎
풀잎 같은 편지가 되어
기쁘게 달려가고 싶구나
지구를 한 바퀴 돌고 돌아도
네게로 갈 수 있다면
초록이 갈색 되고
낡은 엽서가 되어도 좋아
나는 날마다 네게로 가는
편지가 되고 싶구나

손광식

작은 풍경이 되려구요

바람에 실려 온 꽃잎 한 장
내 맘이 설레고
돌담에 속삭이는 작은 햇살
뽀시시 한 화장발에
봄 살이 오르려나 봐요
세상을 맑게 보고 싶어요
세상을 예쁘게 보고 싶어요
양지 녘에 쪼그리고
해바라기 하다가
끄덕끄덕 졸기도 하면서
봄날 속의 예쁜 그림이 되려구요
작은 풍경이 되려구요

빗물 같은 사랑

당신이 주신
빗물 같은 사랑으로
나는 자라났습니다
말없이 내게 주신 사랑
나는 그 마음
다 헤아리지 못하고
당신을 아프게 했습니다
이젠 당신이
나를 꾸짖어 주실 때입니다
내가 아프게
모진 빗방울로 때려 주십시요
당신이 주신 사랑
잠시 잊고 살았던 죄
이제는 내가 말없이 받겠습니다

이기윤

가을밤

초승달이 가지에 걸터앉아
솔잎에 빗질을 할 때

풀숲 악사들의
아름다운 선율이 밤을 재우는데

목화밭 솜구름으로
실을 뽑는 요정의 물레소리
비단 짜는 베틀소리

신령과 진정을
날과 씨로 하여
삶의 비단을 짜는
할머니의 기도소리

오곡백과 향기로
살쪄 가는 달빛과 함께
당신과 맺은 사랑
가슴 깊이 숙성하네

이기윤

그리움

수십 고개를 넘어
안개를 헤치고 찾아온 길
빨간 꽃잎들 손짓 따라
당신께로 다가갈까요

설렘이 풍선으로 터지기 전
가슴을 열고 맞이해 주오

흰 구름 머리에 이고
푸른 하늘에 몸부림치는 시심
당신의 꽃밭에서 피게 하소서

이기운

가을과 겨울 사이

그동안
꽃 피고 열매 맺는
위만 쳐다보았다

이제 두꺼운 이름도 벗고
손에 쥐고 있었던 것들도
가만히 내려놓고 싶다

한때
벌과 나비를 유혹했었다
이제는
숙성하는 과일 향기로
당신을 초대한다.
대지여

내 이파리로 이불을 삼고
내 과일로 식탁을 풍성하게 하라

찬바람에
심장마저 얼어붙기 전에
우리에게 허락된
마지막 만찬을 나누자

씨앗

돌밭에 떨어진
이름 모를 작은 씨앗아
피고 싶은데 피다 말고
뭘 망설이나

계절풍을 기다리나
다시 못 올 세월을 기다리나
옥토로 가고 싶으냐

돌밭에 떨어진
뜻 모를 작은 씨앗아
피고 싶은데 피다 말고
뭘 망설이나

정인범

새벽

어둠 속을 조심스레
걸어나가자
성당의 종소리가 울리기 전에

높은 하늘엔
아직도 별빛이 차고
그 중심에 십자가가 서 있다

들고양이들의 의젓한 걸음걸이가
산새들을 깨우고
신선한 바람을 일으켜
잠자는 파도를 불러온다

쥐섬 등대에 불이 꺼지면
고깃배 갈매기
포구로 날아들고
아련한 수평선 너머
흰 구름이 붉게 타오른다

하늘에 계신 임이시여
새벽에 오시는 임이시여
그렇게, 그렇게
오시옵소서

독백

여기
당신을 사랑하는 부끄러운 한 시인의
흐느낌이 있다
이젠
더 이상 사랑의 말을 할 수 없는
벙어리가 있다

꺾어진 코스모스와도 같이
나의 연필은 부러져 있다

나의 마음은 타다 남은
검은 장작개비처럼
불꽃은 사라지고
시꺼먼 그을음만이 맴돈다
얄궂은 장맛비가 가슴을 적실 때
불꽃은 죽어버렸다
인생의 한 귀퉁이에서 어쩌자고
나는 맴을 도는가
타다 남은 장작개비는
돌이킬 수 없는 숙명인가

부끄러운 한 시인의 흐느낌만이
당신을 향하여
메아리 되어 돌아온다

제4부

강물 위에 띄운 편지

최영은 시인
'문학21' 신인문학상 수상 등단
바다문인협회 이사
현) 공무원

정은아
영상 아티스트
시집 '내 허락 없인 아프지도 마' 공저

한학선
경북사범대 영어교육과 졸
경남대 영문과 문학박사
Indiana University of Pennsylvania
TESOL 박사과정 수료

이경자 시인
'말씀과문학' 신인상 등단
기아대책기구 주최 사랑과 나눔
공모시 입상 (국민일보상)

홍귀연
제7회 바다문예대전 수필부문
우수상 수상
06서울메트로 초청 시화전 출품
문경 글사냥문학회 회원

이종선
인천광역시 출생
현) 미용샵 운영

이정석 시인
'문예사조' 신인문학상 수상
제7회 바다문예대전 시부문 입상
(주) 정석타워 이사

손홍일 시인
'한맥문학' 신인문학상 수상
(주) 우롱 대표이사
시집 '내 허락없인 아프지도 마' 공저

박숙경
경북 군위 출생
옻골 축제 산문 부문 입선

황인종
충남 논산 출생
한국방송통신대학
국어국문학과 4학년 재학 중,
현)회사원

최성규
수협 정년 퇴직
교회 컴퓨터 무료 교실 운영

채희숙 시인
경기 오산 출생
'문예사조' 신인문학상 수상
오산문화예술인협회 회원

최영은

강물 위에 띄운 편지

바보 같은 나
노을 진 강변에 그리움 피어나면
마지막 연서 강물 위에 씁니다

슬픈 언덕에 여러 번
머물다 가는 물새는
임의 발자취인 듯 애달픈데

살아가는 동안
도무지 잊을 수 없어
한 줌 재로 타버린
계절 없는 사랑, 그 사랑 가슴에 묻고

함부로 부르지 못할 이름 석 자
소낙비처럼 쏟아지는 그리움에도
끄떡없도록 천상의 시간에 남겨둔다고 쓰니,

곁을 맴돌던 물새 한 마리
목 놓아 울고 갑니다
그 모습이 당신인 듯하여
참았던 눈물이 왈칵 쏟아졌습니다

달빛 소나타

오래도록
달빛은 밝았네

빈 가슴에 다녀간 사람
눈 감아도 보이는데

쓸쓸함 거두어
바라보는 하늘에
달빛이 흐르고 있네

마냥 앉아 있어도 좋으리
수면에 내려앉은 달빛,
오래도록
그 달빛은 흐르고 있네

봄날에

어찌하나
지난 밤 찬바람에
오스스 떨던 꽃잎들
후드득 세찬 빗줄기에
몸살 앓겠네

비는 오고,
젖은 꽃잎 애처롭고
온기 없는 나무의 침묵이

땅속, 말랑말랑한
씨앗들까지
움츠리게 하고
그것도 모자라
내 마음 내 것 아니게 하니

허방다리 짚는 마음
속속들이 헤집어 줄
그리운 봄 햇살이여
이제 그만 나오렴

아껴주는 마음

내 작은 수고로
네가 행복을 느낄 수 있다면
내겐 큰 기쁨이 아닐 수 없단다.

조금 모자라면 어때
조금 부족하면 어때

너와 나
내가 먼저가 아닌
네가 먼저여야 하는

그렇게 서로
상대방을 아껴주는 마음
변치 않으면 되는 것을

욕심

가질 수 없는데
가지고 싶어지는 것

내 것이 아닌데
내 것이었으면

가진다 해도
내 것이 될 수는 없는데

내 것으로
묶어 두고 싶은 것

미안해 정말 미안해

나 참 이기적인가 봐
힘든 내 마음만 생각했지
더 힘들어하는 그대의 마음을
생각하지 못했어

편해지고 싶은 마음에
벗어나려고만 했지
그 모습 지켜보며
안타까워할 그대가 있다는 걸
잠시 잊고 말았어

더욱 더 미안한 건
내가 떠난 자리에
홀로 남아 있을 그대의 뒷모습을
생각하지 못했다는 거야

사랑하는 사이엔
미안하다는 말
하지 않는 거라고 하지만
마지막으로 한 번만 더 할게

미안해 정말 미안해

남자에게 사랑은

남자에게 사랑은
한순간의 기분일 뿐
그 무엇도 아니지만,

여자에게 사랑은
삶과 죽음의
순간을 오가는
인생 절대의 감정

남자에게 그리움은
담배 한 대 피우다
잠시 스쳐 지나가는
짧은 기억일 뿐이지만,

여자에게 그리움은
빈 자리 메일 때까지
느끼는 시리고 아픈 가슴

작은 미풍에도 흔들리는 너는

작은 미풍에도
중심을 잃고
흔들리는
너는
여자다

강한 비바람에
네 모든 것이 다 날아가도
끝까지
흔들리지 않는
너는
어머니다

봄만 같아라

우리도 봄만 같아라
찬 서리, 눈비 맞아 겨우내 축 늘어져
잿빛 하늘을 닮은 네 사지와
까맣게 타들어 가는 말기암 환자의 색을 지닌 네 잎사귀가,
오늘은 마치 인간의 나약함을 비웃기라도 하듯
당당하고 오만하게 하늘을 향하여 뻗어 있구나

우리도 너만 같아서
싱싱한 젊음으로 해마다 거듭날 수 있다면
생로병사로 인한 모든 우리의 고뇌를,
네 퇴색한 이파리가 네게 황금 비료가 되듯
그렇게 차곡차곡 맘의 곳간에 쌓아,
그 양식으로 거듭나리라

들꽃

초록색 융단 위에
별이 쏟아졌다
저기 보아라
바람에 흔들리는
너와 내가 있다

속살거리는 연인들의 웃음
가장 고운 옷 입고 부르는
어린 노래
가난한 이들의 몸짓

한 번은 맛보고 싶었던 평화
이젠 배부르다

가고 싶은 하늘나라
황금길이 아니어도 좋아라
초록 들판 위에
들꽃 가득하다면
바람에 흔들리는
너와 내가 있다면

선물 – 봄날

봄날, 천지는 하나의 예쁜 집

푸른 하늘, 천정이며
연둣빛 산, 벽이며
알맞은 위치에 자리한 바위 가구
큰 나무 작은 나무, 기둥들
연둣빛 환한 등불을 밝혀놓고
색색의 꽃 보석들로 장식한 집
바람은 큰 집에 어울리게
온 집안을 다니며 색칠하고 있다

새로 집을 꾸미는 주인은
신바람 나서
산 꿩과 뻐꾸기를 풀어놓아
즐거운 소리로 노래하게 한다

예쁜 집에 홀려
정신이 아득한 내게
사랑하는 이의 음성 들려온다
너를 위한 귀한 선물이라고

이경자

행복

노부부 손을 맞잡고
길을 가시네

마주 잡은 손 등 간질이는
봄바람

등 뒤에 내리쬐는 따사로운
봄볕

환한 미소를 보내는
봄꽃

양옆 산속에서 꾀꼬리 뻐꾸기들
노래로 환호한다

냉이꽃

발 앞에 엎드린
수척한 들꽃 하나
처음 가졌던 여린 마음 숨겨놓고
천연덕스럽게 작고 여린 꽃송이들을
오밀조밀 피워 낮은
땅의 티끌 삼킨다

순수했던 눈빛도
잃어가고 작은 바람에도
여린 몸 파르르 떨면서
긴장의 신음소리로
온몸으로 떨고 있다

자신을 방어하는 일에만
길들인 건 아닌지
푸른 잎 매단 곳마다
밟힌 자국이 선명히 그려져 있다

용귀연

내 어릴 적 친구

조바심 나던 봄 햇살이
사각 유리창 속으로 쏟아진다
옹기종기 훑어 내린
친구들의 이야기가
무심한 세월 속으로
몽글몽글 날개를 펴고
고운 그림으로 그려간다

오랜 날 허물어진 말들로
쏟아놓은 시간
흔적을 정리하고 돌아선 길
무정한 생각들이
내 동공에 잠기고
차창 밖으로 총총히
두고 온 그리움이
어두운 강물 속으로 몸을 숨긴다

단 하나의 사랑

나의 마음 노크하는
그대 창가에 반짝이고 싶어
그대 향해 열어둡니다

밤하늘에
반짝이는 뭇 별들의
헤아릴 수 없는 사랑만큼
내 마음 가득히 오직 그대 사랑
모닥불처럼 타오르는
단 하나의 사랑입니다

나 언제나
그대를 향해 바라보는 눈빛입니다
이슬 젖은 눈망울에 감동시키고
아무리 생각해 보아도
그대 내 옆에 있는 것만으로도
축복입니다

이종선

목련이 지다

꿈 같은 님의 사랑
차고도 넘쳐
터질듯 탐스런 미소
보름밤 하늘에
뽀얀 달빛 같더니

무엇이 그리 급하오
서둘러 떠나는 바람
꽃잎의 뺨을 스치고

살점이 떨어지는 아픔
인내의 벼랑 끝에서
야위어가는 달빛

짧았던 님 사랑은
바람이더이다

미움도 아니오
원망도 아니오

낙화의 설움은
죽음 같더이다

음성 사서함 그녀

꿈자리 어수선한 새벽 녘
밤새 닳아오른 달빛이 녹아
시뻘건 쇳물을 출렁이며
나 홀로 남겨두고 멀어지려 할 때
가위에 짓눌린 몸뚱아리 버둥대며
생시인듯 꿈속을 표류하다
멎어가는 심장소리

입 안에서 맴돌던 간곡한 절규는
아다다의 슬픈 노래가 되어
소리도 없이 허무하게 부서지고

짧은 외마디 비명에 찢겨진 아침
그는 이미 떠나가고 있었다

단 한 마디 언질도 없이
밤새 악몽에 뒤척이는 나를 남겨 두고
깊고 어두운 강물 저편을
터벅터벅 건너가고 있었다

핏줄 붉어져 떨리는 손
흐려진 초점을 애써 맞추며

또박또박 누른 전화번호는
빈 집을 두드리듯 지치도록 울리다
그의 침묵을 대변하는
음성 사서함 그녀의 목소리만
잔인하도록 낭랑했다

그 해 겨울의 어느 날
북풍이 몰아치는 검은 바다로
그렇게 한 사람은 떠나고
나는 추억을 묻었다

이정석

첫사랑

괜스레 좋아지는 마음
충동적인 설렘 속에
두근거리고 붉어지는 얼굴

주체할 수 없는 그리움에
만나고 헤어져도 보고픔은
억제하지 못하는 심적인 충동

내 마음 깊은 곳을 차지한 그림자
고동치는 그대의 모습
잊자고 눈감으면 더 커보이고

기다리는 시간의 지루함 속에
쌓여만 가는 애틋한 정이 솟아
마음을 산란하게 하는 그대

고운 미소로 다가와 웃으며
내 마음 흔들고 그대 애상은
잔잔한 물결처럼 번지고 있다

이정석

항구의 밤

무성한 하루에 많은 사연을
그을린 까만 어둠 속에 묻힌
적막하고 고요한 항구의 밤

오고 가는 사람들도 드물고
파도의 시달림에 지쳐버린
배들도 서투른 잠을 청한다

멀리서 힘세게 달려왔다가
갯바위만을 만나고 서글픔에
파도는 하얗게 부서지고 만다

갈매기도 잠들어버린 항구에
파도만이 깨어 철썩, 철썩이며
등대와 고운 정담만 나누고 있다

이정석

오월의 향기

옷을 벗고 있던 나무들
봄비에 찌든 때 목욕하고
연초록 고운 옷을 입고
맑은 미소까지 짓고 있다

솔 향기 실은 소슬바람이
아카시아 꽃향기와 어깨동무
촛대 세운 예쁜 송화꽃에
어지러운 송홧가루 날린다

녹음 속 산새 지저귀며 놀다
장끼의 우렁찬 큰 소리에 놀라 숨을 죽이고
계곡물에 목 축이러 왔던
고라니도 놀라 달아났다

민들레 홀씨 바람 타고 여행하고
오월의 연초록 고운 향연 속에
싱그러운 라일락 꽃향기에 도취
두 팔 벌리고 심호흡을 해 본다

임 생각

파랗게 파란 하늘에
구름 두둥실 뭉게뭉게 핀
흰 구름 사이에 임의 얼굴
어제도 오늘도 임의 모습이
어여삐 예쁘게 임의 자태가
아련히 보일 듯 잡힐 듯할 때
석양에 갈매기 소리쳐 울고
내 마음 임 생각 그리워 우네

손용일

봄비

저 많은 꽃
꽃망울 터트리려
힘을 많이 써서 흘리는 땀이었구나

옥잠화
뾰족한 순 쏘옥 나오게 하려고
그 연약한 손가락으로 땅을 어루만졌구나

버들강아지
잠에서 깰까봐서 소리 없이
조용히 숨을 죽여가며 내렸구나

소치는 아이
물오른 가지 꺾어
버들피리 불게 하려고 때론 소리 내며 내렸구나

저 호수에
부족한 물 채우려고
그렇게 밤새며 쉬지 않고 내렸구나

황사 먼지
씻어 파란 하늘 만들려고
밤잠 안 자고 그렇게 고생하며 내렸구나

엄마 생각

바닷가 가시넝쿨 속에 핀
오형제 딸 하나의 쑥부쟁이
비바람 맞으며 그 추위 다 이기고
옹기종기 무리 지어
엄마 기다리다가
파도소리에 잠 못 이루고
뱃고동 소리에 소스라쳐 깨어서
행여 오시나 두 눈 비비고
엄마 소린가 하고 귀 쫑긋해 보지만
엄마 잃은 아기 갈매기
엄마 찾는 울음소리 따라
육남매 쑥부쟁이도 덩달아
엄마 그리워 소리 내어 우네

유월

싸리꽃 향기
무시로 날리고

무논 개구리 울음
더욱 슬퍼
초여름밤은 깊어만 가는데

바람은 나더러
그길이 아니라고

숲도 나더러
그길이 아니라고

그만
정신을 잃고 말았습니다.
길이 보이질 않습니다

박숙경

장마철

회색빛 우울 속으로
질펀하게 비가 내린다
안개이듯
어렴풋한 추억의 조각들이
비 사이로 다가와
손을 내민다

이른 아침
어지럽게 늘어져 있는
집 앞 전선에 앉아
의미 알 수 없는 노래를 부르던
다섯 마리의 제비들

이 시간 어디선가
길고도 지루한 빗줄기 속에서
안식처를 찾아
헤메이고 있을 것만 같다

박숙경

다림질을 하면서

깃 헤진 셔츠를 다림질한다
이번에는
다음에는
결국 버리지 못하고
한 줄 한 줄
구겨진 내 가슴의 주름들을
다림질한다

새것 사주지 못해
더 깊어진
내 가슴의 주름이
구겨진 셔츠의 주름보다
더 많은 것 같은데

올 여름만 입지 뭐
그 한 마디에
주름이 싸악 달아나 버렸다

채찍과 회초리

비틀비틀 술주정뱅이
바로 서도록 채찍으로
이리 치고 저리 쳐 달래면
빙그르르 곧추서서
오색 물감 붉은색으로
곱게 단장시킨 팽이가
빙글빙글 우주를 돌린다

꽁꽁 언 빙판 위에서
울퉁불퉁 길거리에서
부딪쳐 쓰러질 땐
좀 더 돌아라, 응원하고
졌다는 아쉬움에
이긴 승리감에
다시 또 채찍질하며
빙글빙글 팽이치기를 한다

아이는 팽이를 곧추세우기 위해서
채찍을 휘두르고
부모는 아이를 곧추세우기 위해서
회초리 훈육으로
세상의 지혜를 배우고 가르친다

소나무

혹한酷寒이 찾아와 흔들어도
꿋꿋하게 지켜내는 절개節槪
눈썹 하나 깜박이지 않고
고집 부리듯 짙푸른 모습으로
자신을 당당하게 표출表出한다

칼바람 찾아와도 싫다하지 않고
새하얀 눈 찾아와 눈물 흘려도
덕지덕지 붙은 세월 헛되지 않았다고
갈라 터져 붙은 세월의 껍질을
훌훌 벗어내지 않고 당당하게 펼친다

온갖 세파世波 풍상風霜을 환희歡喜로 알고
달려가는 시간時間과 어깨동무하며
시간時間은 자신自身과의 싸움이라
오늘도 내일도 제자리에서
푸름을 붙여내어
서까래 대들보 기둥으로 탄생誕生한다

바늘과 실

황인종

흔들리는 육체 가누고자
두 눈 부릅뜬 정기精氣로
하나 된 마음 꿰뚫고
정성을 들여
심心줄을 맞춘다

한 올 한 올을 매어
그려내는 인생人生
때로는 삐딱하게
때로는 제자리에
서 있기도 하지만
채근하고 보살피는 정성에
청춘을 불사르는 태양처럼
뜨겁게, 뜨겁게
갈라지던 인생을 껴안는다

하나가 없다면
있으나 마나 한 인생
둘이 하나 되어
오늘을 엮고
내일을 엮고자
골무의 힘을 빌린다

풀숲에 핀 들꽃(현호색)

키 작은 풀숲
발걸음 멈추는
들꽃(현호색)

가녀려서 신비롭고
경이로워 소름 돋고
작고 예뻐서
숨죽여 못 떠나네

어디서 오고
어디 가는지 몰라
가슴에 담은
들꽃이여

자궁 속 아기
꼼작이는 손가락 같아
차라리 태동하는
생명이어라

최성규

버들강아지

봄 오는 소릴
남 먼저 들었나
눈 뜬 버들강아지

살얼음 밑
졸졸졸
시냇물소리에
세월 흐른 줄 모르고
고향 봄 생각하네

버들강아지 꺾어
돌담 사이
비탈길 돌면
벌써 발걸음 알고

봄 햇살 덥고
졸다 꽁지 살래살래
사립문 나서던 삽사리

버들강아지
예 있는데
삽사린 어디 있을까

산길

녹음 짙은 유월
인생길 가듯
산길 오르니

착한 바람들
나뭇잎 간질이며
앞질러 가고

풋내, 코로 빨려들어
가쁜 숨 달래주네

산새들
짝 찾으랴, 양육하랴
쉴 틈 없고

유월 들꽃들
제 몫 다하려
다투어 피며
오월 흔적 지운다

먼저 간 바람 벌써
정상 올랐으리

채희숙

유월의 노래

바람이 불어와
가슴에 매달린다

덩굴장미 눈부신
언덕에 누워

우린 말 없이
흰 구름을 바라보았지

허허로운 벌판을
채워주던
개구리 울음소리

유월이 오면
세상은 온통
초록바다로 출렁이는데

나의 기도는
그대 떠나간 길 위에
안개로 피어난다

채희숙

실비아에게

보고 싶다
안개꽃에 묻힌 분홍 장미

온돌방 아랫목에서도
너를 생각하면 춥다

어느 늦가을 날
낙엽과 함께 비에 젖어
너는 떠났고
그날부터 나는
먼산바라기가 되었다
지나가는 바람결에도
나는 너의 젖은 목소리를 듣는다

촛불을 켜 들고 온
네 편지를 읽으며
숲 속의 푸른 이끼 같은
사랑스런 네 눈 밑에 죽은깨를 생각한다
실비아, 내 사랑하는 실비아
실비아,너는
토요일 오후의 푸른 하늘

그 집 앞

봄비가 내리는 날
우산 하늘 높이 던져 버리고
그 집 앞을 지나갑니다

발걸음마다 눈물이 샘솟고
순결하게 빛나던
그대 이름 새겨져 앞서고
함박꽃 웃음 따라옵니다

즐거울 때나 괴로울 때나
잘 살 때나 못 살 때나
성할 때나 아플 때나
소중한 정표로 내게 준
은반지 하나 버리지 못하여
그 집 앞을 지나갑니다

이 세상 다하는 날
밤하늘 보름달로 떠서
그대 작은 창호지 문을 비추면
한 번쯤 그대 얼굴 보리라 생각하며
그 집 앞을 지나갑니다

제5부

자목련 사랑

촉촉한 눈빛에 어린

속내 깊은 눈물,

자주 고름으로 훔쳐내고

최미화 시인
'문학21' 신인문학상 수상 등단
제5회 자유문예대전 시부문 입상
바다문인협회 이사

윤봉석
06서울메트로, 도시철도공사
초청 시화전 출품
바다문인협회 회원
현) 시인중계사 운영

김경자
포천문화원 회원
포천예술인동우회마홀문학회 회원
제7회 바다문예대전 시부문 입상

안병석
대한주택관리사협회 회원
제7회바다문예대전 시부문 입상
현) 광주한우리a소장

봉만옥
서울 거주
현) 국어전문학원 운영

윤행순
작사가
한국음악저작권협회 회원
제7회 바다문예대전 동시부문 우수
상 수상

박두열 시인
경남 진주 출생
'문예사조' 신인문학상 수상
문예사조문인협회 회원

이옥임
전남 함평 출생
광주교육대학 졸업
시집 '나도 때때로', '숲' 다수

정기호
경남 사천 출생
성균관대학 졸업

최진구
인천광역시 출생
현) 대명개발기획(주) 대표이사

박연자
전남 해남 출생
한국보훈병원 간호부 근무
현) 한슬디자인 운영

김명미 시인
'현대시선' 신인상 등단
'문예사조' 신인상 등단
시집 '엄니, 조금만 기다려유'

최미화

행주 삶는 날

식탁에 흐트러진
양심을 닦는다

쓸고 또 쓸어내린
가슴 언저리의 응어리들

해말간 기포에 띄우면
빛살이 톡톡
떨어져 내린다

마음속 빗장 열어
생채生彩 돋우는
어느 날의
핑크빛 한나절

담쟁이덩쿨

한없이 약해 보이는
앙증스런 덩굴손

어쩌면 저리도 당차게
실핏줄 깔아대며
담벼락을 타는가

지나는 바람에도
손 놓는 일 없이
저 혼자
오롯이 타울거리며

짙푸른 하늘 향한
삶의 퍼포먼스는
오늘도
멈출 줄을 몰라라

자목련 사랑

우듬지 끝에서부터
수런대는
작은 속삭임 정겨운데

불화살로 날아든
애닯은 사연 하나
칼바람 되어 가슴 저며도

촉촉한 눈빛에 어린
속내 깊은 눈물,
자주 고름으로 훔쳐내고

애절한 그리움
소담스레 피워 낸
자줏빛 사랑

봄이 오는 길목에
버선발로
그대, 마중합니다

유월의·동족상잔

윤봉석

핏빛으로 물든 유월의 국토
임의 영혼 붉은 연꽃으로 환생하였는가

주신 뜨거운 사랑
조국의 방패가 되어
하늘에 태극기로 펄럭이고

숭고한 넋 고이 잠든
현충원 묘비 앞

임이시어
아직도 그 따듯한 체온을
사랑한다오

임이시어
총성이 멎은 지 반세기지만
나의 가슴속 큰 별로 남아 있소

윤봉석

인터넷 친구와 꽃 같은 밀어

비 오는 밤
촉촉한 마음으로
사이버 오솔길을 거닐다가
자리 잡고 앉은
사각의 궁궐은 별천지 세상

음악이 흐르고
시를 노래하는 시인도
그림을 그리는 화가도 함께 했다

주옥같은 글에 오가는 정담은
넋을 잃게 했고
얼굴도 이름도 모르는 사람끼리
웃음을 자아내는 댓글 인사

코흘리개 소꿉친구같이
때로는 연인처럼 다가오는
사이버 둘만의 공간

오늘도 좋은 인연이 되고 싶어
카페로 가는 오솔길을 서성입니다

내 사랑 날아갈까

가슴속에 숨겨놓은 그대를 꺼내어
나 혼자만 보려 해도
빛이 되어 날아갈까
가슴속을 더듬어 확인하고 싶어도
눈사람 같은 그대 녹아서 없어질까
가슴속 지퍼 열어 확인하고 싶어도
학이 되어 날아갈까 두려운 그대

추운 날 얼새라 목화솜에 감싼 그대
날 더우면 썩을세라 냉장고에 넣은 그대

책갈피에 끼워놓은 단풍 같은 그대
오래도록 변치 않을 사랑이 되어주소

무지개

저 산 너머 무언가 있을 거라고
말하지 않아도 그렇게 알았었다
잡힐 듯 가까웠다 멀어지던 그 눈속임

남은 꿈 하나 잃지 말자 약속했던
희망이라는 이름 아직 놓지 못했고
헝클어진 미망 속 잊으며 가자
발이 해지면 어떠리
하늘조차 말없이 그 자리 지키고
나, 서 있는 이곳만 파도타기

휘돌아도 끝 간 데 없는 피안의 꿈
여전히 발은 시리고
가슴조차 서늘히 내리는

황사

지독한 건 눈을 뜨고 봐도
찾을 수 없다는 것
사랑 따위
사라져 등 돌리면
먼지가 되는 것이라 했다

더 지독한 건
그 이름의 자욱한 형틀이
날 가두어 조이다가

눈물샘을 자극하는
매캐한 최루에 발목까지 잡혀
돌아설 수도 없다는 것이다

김경자

그곳에 가거들랑

원래 그런 것이야 사람아
놓아서 놓아질 것이었다면
얼마나 쉬울까나
덕지덕지 붙어 기생하는 이물질 같지만
내 것인 양 끌어안든가
의식하지 않든가 잊든가 하면서
같이 살아가야 하는 일인가 보네

다 놓으려고 간다는 그 산자락
오가며 채이는 돌부리마저
소중한 생의 일부분이었음을 알기까지
자꾸자꾸 올라가는 것 허락하마

구름 위 모두 놔두고
그 대신 꼭 돌아와야 돼
내 빛나는 허물도 대신 가져가
그곳에 두고 와주렴

고드름

아침 햇빛
한 줌 떨어지다가
양철 지붕 처마에 비켜서서 기웃거릴 때
외다리 부동자세 한 줄로 늘어서 받는 벌

소리 없이 눈물 떨구는 말썽꾸러기
다소곳 타고난 고운 천성으로
눈빛을 내리깔고 그냥
땅만 쳐다보는 순진함

한낮이 오자
참아도 소용없는
못내 서러운 눈물방울
순백으로 빛나더니
가쁜 숨 참지 못해
살짝만 건드려도 와르르 무너져
부서지는 아픔

터널

난마처럼 얽힌
수많은 혼돈의 굴레를
비워둔 공간空間에 가두어 놓고
해답을 못 찾아 허둥대는 행선지

눈을 뜨고도 조는
감각이 무딘
군상群像을 질타하는
천둥 같은 일갈을 내리치며
시간에 쫓겨 내닫는 기차

더 이상
암흑의 공간일 수 없는
타원형 명明과 암暗, 삶의 등식
혼돈의 길잡이

입구와
출구의 명쾌한 해답
"="등식等式은 교훈인가
늘 그 자리 지키고 섰다

나팔꽃

부끄럼이 저리 많아
긴 밤 내내 푸른
롱드레스 살포시 입어보고
입술에는 무얼 바를까?
보라색 빨간색 고르다가
아침이 되자 서둘러 빨간 입술로
끝내 속내를 털어
단장을 했나 보다

심술쟁이 햇빛이
처마에 걸터앉아
빠끔히 훔쳐보는데
울타리 너머엔 누가 사나
키 더욱 커버린 호기심

덩굴손 걸어 잡은
언약이 궁금하여
바람결이
자꾸만 흔들어 보챈다

겨울바다

목마르다, 마른기침으로
끓는 심장의 상처가 통증으로 새겨진다

다가올 폭풍의 전설을 예감한 바다는
잔잔히 숨죽이며 두 겹의 희미한 물결로
눈망울 위에 오버레이처럼 일렁인다

빈 허울 속에 떨어진 투명한 수채화 물감처럼
물결 테 되어 가슴 가득 되돌아와 번진다

흩어진 유리알 조각들을 가슴 안에 하나 담아
허허로운 세월의 깃발에 애써 붙여보지만

잠시일 뿐
깃발은 펄럭이며 상처 깊은 자리를
후비며 소리지른다

흐느끼지 말고
바다처럼
울어대라고

밤안개

하늘거린다

잠자리 날갯짓으로 두 뺨을 어루만지며
출렁이는 영혼 속으로 스며든다
이성의 잔해마저 잠든 도시의 길모퉁이에

말간
알몸으로 내려앉아
포근한 팔베개로 함께 눕자 한다
어머니의 자궁 속에서
피어나는 아름다운 자유로

흐느끼는
안개, 내 시린 발가락 사이에서
꿈틀대는 그리움으로 하얗게 피어난다

다시
밤안개는 걷히고
긴 장맛비는
새벽을 깨우는 소리로
힘껏 뿌리리라

노스탤지어

방죽 언덕 저편 슬픈 영혼의 그림자는
젓무덤 산등성이 뒤로 감춰버리고
불타는 정열을 통째로 삼켜 토해낸
그리움으로 피는 붉은 안개꽃

신음하는 투명한 바람에
몸부림치며 흩날리는 흰 수염 나그네 구름
와인빛 유혹에 발톱까지 붉게 물든 수줍음으로
동동거리며 문밖에 서성인다

욕망으로 차오르는 잔인한 침묵은
뜨거운 심장 한가운데서 찔레꽃 향기로 머물고

메마른 가슴 서걱거리는 풀밭에
등 누이어 붉은 안개꽃 삼킨 흰 수염 구름에
투영된 나를 보기 위해 두 눈을 감는다

아득하게 들려오는 풀을 뜯는 소 방울소리
천진한 아이들의 노랫소리 깊은 잠에서 깨어난
노스탤지어의 창가에 벌떼처럼 윙윙거린다

윤행순

가을의 기도

아침입니다
커튼을 젖히고 창문을 열면
물안개 거두어 내고 햇살이 눈부십니다

어느새 새들은 하늘에서 오늘을 노래하고
소망의 기도로 나의 하루가 열립니다

보세요
한 송이 들국화가 가을의 시로 물들고
하얀 낮달이 하늘 끝에서 수줍어할 때
고추잠자리 반가운 벗으로 날아옵니다

아!
이제 나의 이름으로 오늘을 돌아보는 시간
산 너머로 노을이 하루를 색칠합니다
그리고 가을이 가을에게 사랑한다 말하고
나는 나에게 오늘을 감사합니다

어제의 내가 오늘의 나입니다
그렇듯이 내일 다시
내가 나를 만나고 싶습니다

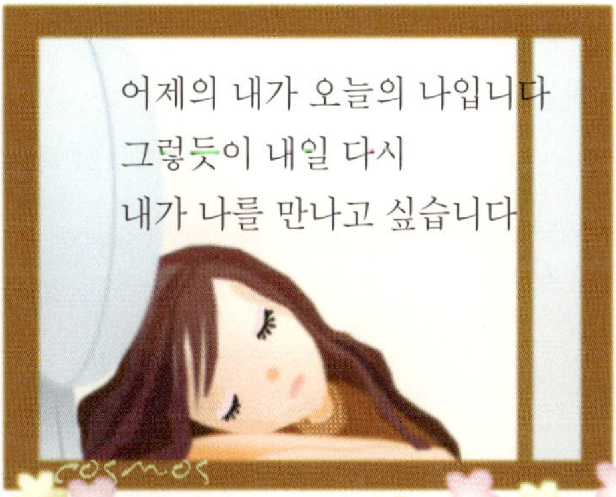

사랑의 빛

고요 속에서 진실을 볼 수 없도록
눈을 멀게 한 욕심의 사슬 끊고자
오늘 짓눌린 내 마음의 문을 연다

미움 시기 질투 원망 싹트지 못하게
한 줄기 연한 새순(筍)이 되고자
오늘 닫힌 내 마음의 창문을 연다

보이는구나 꽃잎에 맺힌 아침 이슬
나를 위해 부르던 노래가 아닌가
알았구나
한 알의 밀알이 땅에 떨어져 썩어져야
생명의 시작인 것을
받았구나
넘치고도 넘치게 흐르는 사랑
내 안에 있었음을

모든 것의 모든 것이 내 안에 있어
믿음의 뿌리요 감사의 열매요
평안의 요람이요
다시 부르는 나의 노래여
하늘로부터 내려온 사랑의 빛이여

꽃을 노래함

꽃은 입이 없어도 말을 하고
손이 없어도 악수를 청하고
발이 없어도 뒤 따라오고 있지

누가 볼까 가슴에 묻어놓은 향기로
닫힌 내 마음의 문을 열게 하고
부르다 들킬까 수줍어 고개 숙이는
사랑의 노래로 언 가슴 녹여주고

돌아보면 저 만큼에서
잔잔한 미소로 나를 품어주지

돌 틈 사이에서도 겸손의 꽃망울을 머금고
아침이면 희망의 꽃을 피우고
한 나절 환희의 노래로 춤을 추다가
저녁이면 감사의 기도로 무릎을 꿇지

한 번쯤 울고 싶을 때는 하늘을 올려다보고
집을 찾아 떠나는 새들에게 하루의 안부를 전하고
별빛만큼이나 큰 소망도 접을 줄 아는
한 송이 꽃으로도 아름다워서
오늘밤도 곤하게 마음을 내려놓는다

풍경소리

처마 끝자락에 매달린 운명
새벽 칼바람에 몸 내어
산 안개에 울음 실어
골짜기마다 빠짐없이 둘러보고

미처 울지 못한 마음
한없이 울게 하고
갈 길 잃은 영혼
온몸으로 감싸 안고 다독거려
알 수 없는 먼 길 배웅한다

끊어도 끊어도
끊어지지 않는 속세 인연은
사미승 가슴속 애끓는 사랑이라
합장하며 눈물기도 올릴 적에
장삼 자락 일고 이는 바람

수억 겁 돌고 돌아

서릿발 같은 계울 바늘
사정없이 등에 꽂혀
다음 생에 인간 환생
발원 소원 빌고 있는
물고기 흔들어서

너무 많은 것을 잃고
돌아가야만 하는
허망한 길목에서
힘없이 팔락거리는
숨결로

새벽 동 틀 때 언제인지
갈 길이 어디인지
일러주면 좋으련만.

참 나

풀어진 실타래 따라
작은 바랑 하나 메고

고독에 몸부림친 외로움도
보고픔에 쓰린 그리움도

가슴앓이 사랑도
부질없어 다 내려놓고

하늘 보기 부끄러워 밀짚모자 눌러쓰고
참 나 알기 위해

어디로 가야 할지
허공 끝이 어디인지

월광 보살께 물어보니
환한 미소만 내려주네요

이옥임

암 병동에서

차마 보낼 수 없는 사람들이
차마 떨치고 갈 수 없는 사람들이
차마 웃을 수 없는 상황에서도
차마 버릴 수 없는 웃음을 연극처럼 읊으며
창 밖으로 피었다 지는 세월을 멀거니 구경하고 있다

한 가닥 숨결을 담보로 빨건 불 속에 들어가
생명 있는 것들을 모조리 태우고 나오면
무겁게 풀어헤쳐진 눈꺼풀을 치켜들 수 없어
기억 속의 세월을 마음으로만 그리다, 그리다가
이젠 포기하고 싶다는
이 가을엔 낙엽 되어 흙으로 돌아가고 싶다는
슬픈 갈망을 이겨내기 힘들다

삐거덕삐거덕 뒤척일 수 있는 것만으로도
부러움을 사는 막다른 병동에서

이옥임

갈매기

그날
내가 얼마나 날고 싶어하는지 단방 알았다

갈매기 한 마리 하얀 자유를 날갯짓하다
세상사 잠시 비켜서서 끼룩끼룩 울어도 본다

끼룩 끼룩 끼룩
끼룩 끼룩 끼룩

그리움인지 망연한 기다림인지
짜내듯 토하는 갈매기의 울음

갈매기를 보며
내가 얼마나 멀리 날고 싶어했는지
소스라치듯 놀라고 만다

이옥임

낙화落花

다만 짧은 봄날 탓으로 돌리자
바람 불고 비 내려 소멸하는 작은 꽃잎들

그리도 애타게 찾던 봄
그 짧았던 봄의 끝 날이 너무 날카로워
떨어져 나앉은 꽃잎은
상흔을 안고 흙빛이 되는구나

어린 시절 상여 끝에 매달린 종이꽃이
한사코 서러웠던 것을
지금에서야 울음 우는 그 상여 꽃
오늘 애처로운 낙화에게서 다시 보게 될 줄이야

간다 간다 너는 간다
나를 두고 너는 간다
가는 너야 묻히면 그만이지만
남아서 아픈 나는 어쩌라고
어찌하라고

정기호

샘물

솟구치는 모습을 보라
한 점
부끄럼도 없다

시뿌연 먼지가
너의
눈
코
입을 더럽혀도
뒤돌아보지 말며
맑음을 보여주자

축복의
그날을 위하여
쉬지 말고
샘의 깊이가 다 할 때까지
입 맞추며 노래하자
님들이여

자유

어떤 이는 나를 바보라 한다
어떤 이는 나를 맹추라 하는데
나는
이 말이 싫지는 않다

맹추는 귀를 닫아 좋고
바보는 자유가 있어 좋다

알면 알음에 나를 오가게 하니
이런
바보가 어디 있는가

바보라 해 놓고
맹추라 해 놓고
자유를 모르니 말이다
나는
바보란 말이 더없이 좋다

정기호

정의政義

하늘이 웃는다
천둥소리가 들리지 않느냐
번개야
암흑의 세계를 힘차게 비추어라

뇌성은
피를 토하듯 소리 질러도
탐욕의 극치는
아침
그 자체로다

햇빛은 먹구름이 막고
달빛은 어둠이 감싸버리니
뇌성은
온 천지를 피를 토하듯 절규한다

하늘은 알고 있노라 족쇄의 비밀을
수많은 별이 정의의 빛으로 응징한다면
안주의 옥좌는
한 줌
흙이 되리라

돌아가는 길

최진구

앞산 도깨비 숲
황사바람에 휘청거리는
동백 푸른 잎에서
툭 툭 붉은 심장이 떨어져 나가
바닥에 선혈이 낭자하다
옻나무 그득한 오돌 기슭을 돌아
백성말 고갯마루
거기서 한참을 내려가면
저만치 북망산이 보이고
뼈마디 앙상한 발꿈치엔
아직도 뺏뺏함이 당당하다
개구리알 소복소복
수많은 봉분에 봄빛 가득하고
해맑은 웃음에
상여가 춤을 추면
개울 건너 하얀 배꽃 속에
님의 얼굴이 담백하다

최진구

종달새는 알을 낳고

사월의 녹음은 누구의 것이더냐
뜨거운 가슴이 타고
세월이 늙기 전에는
가슴에 푸른 소나무가 자랐다
목에 방울을 달고
털레털레 뛰어온 푹 파인 발자국들엔
어느새 종달새가 보리를 키우고
푸른 집을 지었구나
아스라이 멀어져 가는 죽음을 쫓아
군중이 몰려간다
발걸음 소리에 놀라 가로등도 꺼지고
여린 백합꽃이 떨어진다
수많은 한숨소리에도
밤하늘엔 별이 뜨고
발자국마다 새싹이 돋고
보리가 자라고
종달새는 알을 낳고
삶도 죽음도 그리움도
사모하는 님께서도
먼 길을 돌아
또다시 별이 되었구나

최진구

유서

창문 밖에 사람이 있다
평생 그리워할 사람
그 사람이 강물에 젖고 있다
가슴으로 밀려오는 강물아
버리고 가는 산이 그리워
우는 그날에는
반드시 내 영혼의 시선이
별빛만큼 찬란히 부서져
그대 아픔을 감싸는
봄비로 내릴 것이니
그대여 그냥 버리고 가라
네온사인 빛나는
거짓세상 지나거든
가슴을 접고 눈을 감아라
좋은 세상에서 다시 만나면
그대 가슴에
뛰어들어 자살하는
앙상하게 마른
슬픈 영혼이 있을 것이니
그땐
그나마
그대가 안고 떠나는
꽃잎 속에 묻어라

5월

5월이 손짓하면
금새 눈물이 고여
초록으로 물들고

꽃망울 붉은 모란은
아버지 모습을
너무도 닮아

출근길 눈 마주칠 때면
아버지 하며
불러보곤 합니다

아버지, 그리고 어머니
사랑합니다

올해도
아버지 심은
박태기나무,
자식 사랑 가득 영글어
꽃망울 터트렸습니다

아침 일기

햇살이 여문 아침
어딘가를 향해서 달리는 발소리
들리다가 순간 없어졌습니다

재깍재깍 움직이는 시계는
살아가는 법을 교훈합니다
빠르게, 늦지 않게, 정확하게,
변함없는 나아감

나는 어느 만큼 어떤 일정함으로
쌓아 올린 생애에 오늘인가
날숨이 휘이 돌아 구석지를 닦아냅니다

갑자기 세수하고픈 생각에
설익은 봄 냇물 한 움큼 모아 눈을 씻었습니다
좀 더 진지한 이해이길 바라면서
좀 더 진지한 사고이길 바라면서

그날이 오면

원두커피향이
봄꽃처럼 향기롭습니다

나눔의 삶을 그리며
좁쌀만한 사고를
얼기설기 모아 두었더니
강정 되어 밖으로만 부풉니다

인간의 성정性情에 신神은
고귀한 보석을 수놓으셨다지요
사랑과 지혜 그리고 선용善用

한때는 햇살을 견디다 못해
서둘러 피어나는 형상이고 싶었지요
웃음이 원두 물결 위로 미끄러집니다

창으로 드리운 고운 하늘을
희망이라 이름 짓습니다

내게도 작은 사랑이
봄날의 꽃들처럼 수 놓아지겠지요
그날이 오면

떠나가는 너에게

너를 기다리던
그 세월이
차라리 행복이었다

초아草芽의 꿈
달빛 삼키며
볼록이 망울지던
부푼 설레임

조심스레 열린 가슴에
벌 나비 유혹하더니
흔들리던 꽃잎은
윗옷을 챙기고

탐욕에 멍든 마음
스탠드 불빛 아래
애처롭구나

할미꽃

하얀 서릿발에
은비녀 쪽진 머리
벌겋게 멍울진 가슴을
베적삼에 감추시고

막걸리 한 사발에
가랑가랑 눈물 앞세우고
한풀이 하시던
허리 깽깽 할미 닮은
네 모습 애처롭다

골바람도 낮게 드리운 산골짝
홀로 핀 외로움에
네 눈물 강이 되면
할미 그리움도 떠내려가니

소리새야 장단 맞춰
노래노래 불러 주렴

iris eun a

강명미

낙화

시린 바람이
뼛 속을 흔들 때도
견딜 수 있었던 건
손꼽던 설레임의
확신이 있기 때문이었다

입 맞추고 싶은 입술처럼
볼록 솟아오른 꽃망울엔
가슴이 뛰었고
활짝 핀 황홀빛 꽃향기엔
심장이 멎을 것만 같았는데

무정타 이 바람 어이 하라고
비야 바람아
꽃잎을 흔들어 놓느냐
흩날리는 꽃잎 눈물꽃 되지 않게
아주 조금만 시간을 주려무나

사진으로 보는

제7회 김삿갓문화큰잔치에서 내빈석의 최영호 회장(우에서 첫번째)

제7회 김삿갓문화큰잔치 초청 신인문학상 및 자유문예대전 시상식장에서 축사를 하는 최영호 회장

일시 : 2004. 10. 8

장소 : 김삿갓문학관

〈바다문협〉의 이모저모

제6회 〈바다문예대전〉 시상식
일시 : 2005. 10. 8
장소 : 영월 김삿갓문학관
수상자 : 서광석
시상 : 최영호 바다문협 회장

제7회 김삿갓문화큰잔치 초청 시화전, 시낭송, 시상식 단체 사진
일시 : 2004. 10. 8
장소 : 영월 김삿갓문학관

도시철도공사 초청 제7회 〈시와 그림이 있는 풍경〉 시화전 개막식
장소 : 녹사평역 전시관
일시 : 2006. 5. 8~5. 13

제7회 〈시와 그림이 있는 풍경〉 시화전시장에서 이정혜 상임이사 내외분
초청 : 도시철도공사
장소 : 녹사평역 전시관
일시 : 2006. 5. 8~5. 13

바다문협 제6차 문학세미나를 마치고
장소 : 부산 해군회관
2006. 8. 18~8. 20

제6차 〈바다문협〉 문학세미나에서 시강하는 최영호 회장
일시 : 2006. 8
장소 : 부산 해운회관

제8회 난고김삿갓문화잔치 초청 시화전 및 바다문학상 시상식
주최 : 바다문인협회
후원 : 영월군청, 김삿갓보존회
일시 : 2005. 10. 8
장소 : 영월김삿갓문학관 광장
수상자 : 조영인 시인
시상 : 문효치 국제펜클럽한국본부 이사장

제8회 김삿갓문화큰잔치
초청시화전에서 황현미 시인
일시 : 2005. 10. 8
장소 : 영월 김삿갓문학관

제8회 김삿갓문화큰잔치
초청시화전에서 최영선 시인
일시 : 2005. 10. 8
장소 : 영월 김삿갓문학관

제8회 김삿갓문화큰잔치 행사장에서 공연하는 김중근 시인 내외분
일시 : 2005. 10. 8
장소 : 영월 김삿갓문학관

〈바다문협〉 제6집 동인지 《내 허락 없인 아프지도 마》 출판기념회
일시 : 2006년 4월 22일
장소 : 국일관 드림존

〈바다문협〉 제6집 동인지 《내 허락 없인 아프지도 마》 출판기념회를 마치고
일시 : 2006년 4월 22일
장소 : 국일관 드림존